もっと やさしく
役に立つ 新民法

～契約ルールは，市民・企業のために，
どう改正されたか

弁護士　児玉隆晴

信山社

はじめに

　皆様，120年ぶりに改正された民法（債権法）が，今年の4月から効力を生じます。

　この債権法は，いわば「契約ルールを中心とする法律」であり，皆様の日常生活や企業活動にとって重要なものです。

　しかし，この法律は，長い間「分かりにくく，古い内容」のままとなっていました。今回は，この法律を，とりわけ市民や一般の企業のために，分かりやすくし，役に立つ法律（以下「新法」と言います）にしたのです。

　たとえば，新たに「保証人保護の強化策」が設けられました。これまで中小企業への融資において，経営者さらには第三者の個人保証が求められてきました。そして，これに応じて保証をしたために，その企業の倒産に伴って，保証人が重い責任を負わされ，破綻するなど，悲惨な状況が続いてきました。今回は，その現状を改める方向で重要な改正をしました。

　また，約款（やっかん）についても新たに規定されました。約款とは，インターネットでよく見かけるソフトウェアの利用規約や生命保険約款など，いわば「多数の人との契約で用いられる，画一的な内容の規約集」です。この新法は，約款のうち典型的なものを取り上げ，その中に「不当な条項」があった場合は，その効力を否定することとしました。これは，市民や一般の企業が，「不当な条項によって不利益を受けることがない」ようにしたものです。

　もっとも，今回の改正が，最初から「立場が弱い市民・企業のための改正」であった訳ではありません。なぜなら，当初の改正案は，基本的には「契約において立場の強い者が，そうでない者に，一方的な内容の条項を押し付ける傾向を生むもの」であったからです。

そこで，私は，志を同じくする方々と共に，この当初案に強く反対しました。私共の反対意見は，幸いにも徐々に支持を広げることができ，最終的には，この当初案は新法には盛り込まれませんでした。

　そして，むしろ，「保証人保護の強化」や「不当な条項の排除」など，立場の弱い市民や企業のためになる法律となったのです。

　そこで，新法を，皆様の「身を守る盾（たて）」にしていただきたいと考え，約2年半前に，この本の前身となる書籍を出版致しました。その後，この著作を読んで頂いた方々から多くのアドバイスをいただきました。また，法務省の立案担当者による解説書始め多くの著作物が発刊されるなどして，さらに議論が深まりました。

　そのようなことから，前著作の内容をベースにして，もっと分かりやすくし，最新の議論をフォローして，リニューアルしました。さらに，「旧法下の債権や取引について，新法が適用されるのは，どのような場合か」という問題についても，加筆しました（第2章，第4章，第6章，第7〜12章，第14〜16章の経過措置に関する記述がそうです）。

　以下では，事例と質問を挙げ，これに対する回答を述べる形で，基本的なことから分かりやすく解説しておりますので，お読みいただければ幸いです。

　また，この本は，新民法を初めて学ぶ実務家や学生の皆様にも参考にしていただけるよう，重要条文の改正理由を，文献や資料などを引用してコンパクトに解説しています。あわせ，新・旧条文の対照表と経過措置に関する付則を221頁以下に掲載していますので，ご参照下さい。

　新法が，皆様にとって真に「やさしく，役に立つ」ものとして定着することを念願致します。

　　2020年2月

　　　　　　　　　　　　　　　　　　弁護士　児玉隆晴

<h1>目　次</h1>

＜この本で使われている略称＞

1　以下のような略称を用いて，文章を短くし，読みやすくしています。
　・新法＝改正された民法の条文
　・旧法＝改正の対象となった民法の条文
　・民法＝今回の改正では，変更がされなかった条文（総則の一部，
　　　　　物権法の大部分，債権法の一部，家族法の大部分など）
　・池田・民法はおもしろい＝池田真朗『民法はおもしろい』講談社
　　　　　現代新書 2186

2　実務家や学生の皆様のために，下記の略称を使用しています。
　① 部会資料 1〜88 − 2 ＝法制審議会民法（債権関係）部会資料 1〜
　　　88−2（いずれも法務省の Web サイトで公開されています）
　② 一問一答＝法務省大臣官房審議官　筒井健夫・村松秀樹「一問一
　　　答　民法（債権関係）改正」商事法務 2018 年
　③ 定型約款 Q&A ＝村松秀樹・松尾博憲「定型約款の実務 Q&A」商
　　　事法務 2018 年
　④ Q&A 保証実務＝筒井健夫・村松秀樹・脇村真治・松尾博憲「改
　　　正債権法と保証実務」金融財政事情研究会 2019 年
　⑤ 内田・民法Ⅱ，Ⅲ＝内田貴『民法Ⅱ（第 3 版）』，『民法Ⅲ（第 3
　　　版）』東京大学出版会
　⑥ 中田・債権＝中田裕康『債権総論　第三版』岩波書店
　⑦ 基本方針＝民法（債権法）改正検討委員会編「債権法改正の基本
　　　方針」別冊 NBL126 号
　⑧ 我妻・債権＝我妻栄『新訂　債権総論（民法講義Ⅳ）』岩波書店
　⑨ 中間試案補足＝商事法務編『民法（債権関係）の改正に関する中
　　　間試案の補足説明』商事法務
　⑩ 潮見・概要＝潮見佳男『民法（債権関係）改正法の概要』一般社
　　　団法人金融財政事情研究会　2017 年
　⑪ 要点解説＝児玉・伊藤元編集『新民法（債権法）の要点解説』信
　　　山社　2020 年
　⑫ 日弁連意見 1〜4 ＝ 2012 年 3 月〜10 月にかけての日本弁護士連
　　　合会作成の「民法（債権法）改正に関する意見書」1〜4
　⑬ 日弁連保証意見 1 ＝ 2012 年 1 月 20 日付け日本弁護士連合会作成
　　　の「保証制度の抜本的改正を求める意見書」

⑭ **日弁連保証意見2** ＝ 2014年2月20日付け日本弁護士連合会作成の「保証人保護の方策の拡充に関する意見書」

（⑫～⑭は，いずれも日弁連の Web サイトで公開されています）

もっと やさしく役に立つ 新民法
～契約ルールは，市民・企業のために，どう改正されたか

第1章 民法（債権法）は，なぜ重要か？

「契約」というと，読者の中には縁遠いものと感じられる方がおられるかも知れませんが，そうではありません。

たとえば，不動産や自動車など高価な物の購入はもちろん，スーパーやコンビニエンス・ストアなどでの買い物も「売買契約」になります。

また，建物の建築のみならず自動車や電気製品，カバン，靴などの修理あるいはクリーニングも「請負契約」によるものです。

さらには，携帯電話・スマートフォンやインターネットの利用，あるいは電車，バス，電気，水道，語学教室，スポーツジム，ゴルフ練習場やゴルフ場，並びにマッサージ，エステティックサロン，ホテルなどの利用も，すべて「サービス利用に関する契約」によるものです。

つまり，契約は，皆様の日常生活や企業活動にとって，無くてはならない重要なものと言えます。

しかも，これらの契約に関するトラブルは，多くの場合，民法（債権法）によって解決されますので，民法（債権法）は皆様にとって大変重要です。

そこで，まずは，この法律の基本的な考え方や契約書がなぜ重要かについて，事例と質問を挙げ，これに対する回答を述べる形で，分かりやすく説明したいと思います。

```
A（買主）────────── B（売主）
       Xの売買契約
       （100万円）
                     Xの売買契約
                     （120万円）

                   C（第三者）
```

　Aは，ある車種の中古自動車を探していましたが，自分の好みに合う色の「中古自動車X」をBが所有していることを知りました。

　そこで，Aは，Bに対し，Xを100万円で購入したいと申込みました。これをBが承諾し，20日後（引渡日）に代金100万円の支払いと引き換えに，Xを，BからAに引き渡すことで話しがまとまりました。

(1)　この取り決めが，いわゆる「口約束」でされており契約書がなかった場合，Aは，Bに対し，どのような請求ができますか？

(2)　その引渡日の数日前に，第三者のCがBに対し「Xを120万円で買いたい」と言ってきました。そのため，Bが，「Aに，Xを引き渡す」という気持ちを無くし，引渡日に引き渡しませんでした。

　　　Aは，Bに対し，どのような請求ができますか？

(3)　その引渡日の前日に，BがCと「120万円でXを売り渡す」旨の契約をし，120万円と引き換えにCにXを引き渡しました。Aは，所用で自動車を使う必要があったことから，引渡日から2日間，やむなくレンタカーを借りました。

　　　この場合，Aは，Bに対し，何か請求できますか？

■ 債権とは何か？—— 事例の(1) ■

　この事例では，Aが「Xを100万円で買いたい」と申込みの意思表示をし，Bがこれを「承諾」する意思表示をしています。ちなみに，法律の世界では，意「志」表示とは言いません。「こころざし」の問題ではないからです（池田・民法はおもしろい30頁参照）。

　この事例では，Aの「買う」という意思表示と，Bの「売る」という意思表示が合致しています。

　民法では，「意思表示が合致する」ことにより「契約」が成立し，契約書を交わした場合に限らず，単に口頭の場合でも，契約が成立するとしています。

　そして，民法は，この成立した契約に「法的な拘束力」を与えています。つまり，事例の(1)のA・B間の売買契約に基づいて，Bは100万円の受領と引き換えに「Xを引き渡す義務」を負います。また，AはXの受領と引き換えに「100万円を支払う義務」を負います。これらの「相手方（人）に対する，一定の行為をする義務」を「債務」と言います。

　そして，売主Bに「引渡義務」があるということは，買主Aは「目的物（X）の引渡請求権」を持っていることになります。同様に，売主Bも，買主Aに対する代金支払請求権を持っています。これら相手方（人）に対して一定の行為を請求する権利を「債権」と言います（＊）。

　さて，この売買契約の成立についてA・B間で争いがないのに，売主BがXを引き渡さない場合は，買主Aは，「100万円の支払いと引き換えに，Xを引き渡せ」という訴訟を提起して，勝訴判決を得ることができます。この判決に基づいて，買主Aは，強制的にBからXの引き渡しを受けることができるのです。つまり，これらの債権が生じることにより，「相手方を契約の内容に従わせる効力」（契約の拘束力）が生じます。

このように，単なる「約束」と違って，契約には，民法によって
法的な拘束力が認められており，そのことによって契約は守られ，
安心して取引ができます。

　＊　民法では，所有権など「人が物に対して持っている権利」を物権
　　と言いますが，これはいわば「物に対する支配権」です。これに対
　　し，目的物引渡請求権や，代金支払請求権などの債権は，「人に対す
　　る権利」ですから，物権のような支配権は認められず，一定の行為
　　を請求できるにとどまります。

■ なぜ契約書は重要なのか？── 事例の(2) ■
　ところで，理論的には，契約書を交わすか否かで，債権の発生と
いう結果が異なってくることはありません。
　しかし，実際には，契約書を交わしていない場合は，自己の債権
を実現できない場合があります。
　たとえば，この事例の(2)のように，Ａ・Ｂ間の売買の取り決めが
口頭でまとまった後に，Ｂが第三者Ｃから「この自動車を120万円
で買いたい」などと言われ，「Ａに対して，100万円と引き換えに
Ｘを引き渡す」という気持ちを無くすことがあります。
　そうすると，ＢがＡに対し，突如として「Ｘについての売買契約
は成立していない」とか，あるいは「125万円であればＸを売る」
などと言い出すことがあります。Ａにとって，これらは単なる「言
いがかり」に過ぎませんが，契約書がないと，実際に「Ａ・Ｂ間で
Ｘの売買が成立した」こと及び「代金額が100万円である」ことな
どについて，争いが生じることがあります。
　そのような場合は，やむなく，ＡがＢに対して，Ｘの引き渡しを
求めて提訴することになりますが，「Ａ・Ｂ間で，Ｘにつき100万
円での売買契約が成立した」ことを，買主Ａが証明しなければなり
ません。

すなわち，まず，契約が成立したことは，「契約があった（存在した）」ことを主張する側，つまりこの事例では買主Aの側が立証しなければならないのです。民事訴訟では，「ある（存在する）ことを証明することはできるが，ない（存在しない）ことは証明できない」という原則的なルールがあるからです（当然と言えば当然です）。

ところが，契約書がないために，そのような契約があったことを買主Aが立証できないことが多く，その場合は「立証ができないだけで敗訴する」というルールになっているのです。

ちなみに，買主Aが手付を支払っていた場合，売買の成立自体は証明できますが，「代金額がいくらであるか」を証明できるとは言えません。手付額が，その「売買代金額の何パーセントであったか」は，個々の売買契約により異なっており，一律ではないからです。

そうすると，契約書は，「契約が存在した」こと及び「その内容」を証明する手段として大変重要であり，契約書がなければ「そもそも権利が無かった場合と同様の扱い」を受けてしまうおそれがあるのです。

したがって，事業者が取引する場合はもとより，市民が重要な契約をする場合も，必ず契約書を交わすようにしていただきたいと思います。

以下では，契約書がある場合を前提に解説します。

■「特定物」と「履行不能」の意味──事例の(3)■

さて，この事例の売買契約においては，中古自動車Xが目的物となっています。

一般に，中古自動車は，車種はもとより年式，色合い，その他の点においてそれぞれ個性があり，通常はこの「個性に着目して」取引がされます。このように，その個性に着目して取引がされる場合

の目的物を「特定物」と言います。

これに対し，「ある銘柄のビール1ダース」の売買契約では，「同じ種類の物（ある銘柄のビール）の一定量（1ダース）」を引き渡せば良いこととなり，目的物の個性は問題となりません。このような場合，その目的物は「不特定物」（あるいは種類物）と言います。

以上の点は，旧法下の考え方が，新法下においても維持されています。

そして，事例の(3)では，第三者CがBに対して「120万円で中古自動車Xを買う」と申込み，Bがこれを承諾して，B・C間でも売買契約が成立しています（＊1）。

そして，売主Bが，Xを第三者Cに引き渡した場合は，取引通念に照らすと，もはや，売主Bが「買主Aに対してXを引き渡す」ことができなくなります。第三者CからXを取り戻すことは，通常は無理と思われるからです。

このように，「取引通念に照らして債務の履行をすることができない」ことを「履行不能」と言います（＊2）。

そして，この履行不能により，買主Aは，Xを入手することができず，所用のために，やむなくレンタカーを2日間借りました。そうすると，買主Aには，レンタカー料金に相当する額の損害が発生していますので，売主Bに対し，その賠償を請求できます（売主Bが賠償すべき「損害の範囲」の問題については，第2章で述べます）。

すなわち，民法は，この損害について「売主に補償（通常は金銭での弁償）させる」ことにより，買主を保護しています。このような補償を請求する権利が「損害賠償請求権」という債権です。

また，この事例(3)では，Xが第三者のCに引き渡され，売主Bの目的物引渡債務が履行不能となっていますので，もはや売買契約を維持するのは相当とは言えません。

そこで，民法は，買主Aの一方的な意思表示により，契約を失効

させることができる権利を認めました。これを契約の「解除権」と言います。

　以上に述べた，目的物引渡請求権，代金支払請求権，損害賠償請求権，解除権などの債権・権利が生じることを「法律効果」が発生したと言い，このような効果を生じさせるために要求される事実を，法律要件または単に「要件」と言います。

　民法（債権法）には，色々な債権・権利について，この「要件と効果」が規定されています。

　逆に言えば，この債権法がなければ，トラブルが生じた時に，どのような債権・権利が，どのような要件のもとに発生するのかが分からず，困ることになります。このように，債権法はトラブルの解決方法を示した重要な法律と言えます。

　＊1　この場合，Bが自動車を二重に売買していますが，売買契約など「債権に関する契約」は，二重でも，三重でも成立させることができます。なぜなら，すでに述べたように，債権は，物に対する支配権ではなく，「人に対する行為の請求権」に過ぎないので，Bに対して二重，三重に債権（引渡請求権）が成り立つからです（物権についても，色々な考え方がありますが，ここでは触れません。少なくとも債権はそうなります）。
　＊2　履行不能の場合は，当然ながら買主Aは，売主Bに対し，その債務の履行を請求することができません。
　　　ちなみに，旧法にはこのような履行不能それ自体についての規定がなく，分かりにくい状態でした。そこで，新法412条の2第1項は，履行不能の場合は「債権者はその債務の履行を請求することができない」と規定し，分かりやすくしました。

■ 民法の規定と異なる特約ができるか？ ■

　ところで，契約書が取り交わされているときは，これらの要件と効果について，その契約書の中で「民法の規定とは異なる特別な定め」（特約と言います）がされることがあります。

この特約がある場合には，どのような要件のもとにどのような効果が発生するかは，まず契約書の定めによります。

　こう言いますと，読者の中には，契約書に書いただけで民法とは異なる効力が生じるのでは「民法には，強制力がないのではないか？」あるいは「民法に意味はないのではないか？」との疑問を持つ方もおられるでしょう。

　しかし，民法では，むしろ，「法律の規定と異なる特約を，契約で定めることができる」のが原則です（＊）。

　これは，民法に「契約自由の原則」があるからです。すなわち，契約をするについては，「誰と，どのような内容の契約を交わすかは基本的に自由である」という原則があるので，法律の規定と異なっても良いという訳です。

　そして，この契約自由の原則があるお蔭で，人々は，お役所の許可を得ることなく，「様々な内容の契約を，様々な相手方と自由に交わす」ことができ，その結果，経済が発展して国民が豊かになると考えられています。

　なお，契約を文書で交すか否かも自由であることから，事例の(1)のように口頭でも契約は成立します。（ただし，トラブルが生じた時に契約の成立などを証明できないので，必ず文書で交して下さい）。

　この原則があるものの，①当事者間で契約書が締結されていない場合や，②特約があってもその内容が不明確な場合には，民法が適用されることになります

　この点，日本社会の現状では，残念ながら契約書を締結していない場合や，締結していても大まかな内容のものに過ぎない場合が多く見られますので，民法の規定により法的紛争が解決される例が多いと言えます。

　したがって，日本では，民法（債権法）は大変重要です。

　＊　このように，法律と異なる内容を，契約で「自由」つまり「任意」に定めることができる民法の規定を「任意規定」と呼び，債権に関する規定の多くがこれに当たります。

　　これに対し，逆に，当事者が任意に定めることができない規定を，「強行規定」と言います。この強行規定には，いわゆる公序良俗の規定（後に解説します）などがあります。

■ 商法や消費者契約法は「民法の特別法」■

　また，事案によっては，商法や消費者契約法などの特別法が適用されて，紛争が解決されることもあります。

　しかし，これら特別法は，あくまで民法を基本法としており，目的物引渡請求権，代金支払請求権，損害賠償請求権，解除権などの債権・権利が発生するという基本的な点は，多くの場合民法に定められています。

　また，これらの特別法は，断片的な事柄についてしか規定を置いていませんので，これらを学んだだけでは，トラブル解決の道筋が分かるとは言えません。

　さらに，民法を前提として特別法が定められていますので，これら特別法を理解するには，まず民法を学ばなければなりません。

　そればかりか，民法には，売買契約のみならず，以下の契約について，色々な規定が設けられています。

①　賃貸借契約

②　使用貸借契約（対価を支払わないで，物を利用する契約）

③　請負契約

④　委任契約

⑤　寄託契約

⑥　雇用契約

⑦　組合契約（各当事者が出資して，共同の事業を営むことを約する契約）

⑧　和解契約（当事者が互いに譲歩して，その間に存在する争いを
　やめることを約する契約）

などです。

　このように，民法（債権法）は，日常生活や企業取引において利
用されるほとんどの契約に関し，これにより発生する債権・権利に
ついての要件・効果などを網羅的に定めており，大変に重要と言え
ます。

■ この章のまとめ ■

・契約は「意思表示の合致」により成立し，民法はこの契約に
　法的効力を与えています。

・その効力として，目的物引渡請求権や損害賠償請求権などの
　債権や解除権などの権利が発生しますが，それらの基本的な
　点は，民法（債権法）に規定されています。

・契約書を交わしていない場合は，それらの債権・権利を実現
　できない場合が多いので，必ず契約書を交すようにして下さ
　い。

第2章 120年ぶりに改正された理由と原案の問題点は？

では，このように重要な民法（債権法）が，何故，120年間も改正されなかったのでしょうか。

その理由を知るためには，「日本民法ができた理由」や，「その特徴」などについて，若干，触れる必要があります。

また，今回の改正において当初はどのような提案がされ，何が問題となったかについても述べます。

■ 民法は，どのようにしてできたか？ ■

民法は，今から120年余り前の1896(明治29)年に制定されました。

その後，2004(平成16)年に，「カタカナまじりの文語体」の条文が口語化されて読みやすくなり，その際「保証人を保護する規定」が一部導入されました。

しかし，民法（債権法）については，それ以外は，ほとんど実質的な改正がされませんでした。重要な法律である民法（債権法）が，120年もの間，実質的な改正がされなかったことは，読者の皆様には驚き以外の何物でもないと思われます。

それには，日本ならではの特殊な理由がありました。

というのも，今から120年前の明治時代において，日本政府は，先進国である欧米諸国に「早期に追いつく」という目標を掲げていました。そして，そのように追いついて，不平等条約（日米修好通商条約など）を解消するために「文明国家」としての体裁を整える必要があり，「国民生活や経済活動の基本法である民法」を，急い

で制定する必要がありました。

　そのため，民法の規定を簡素にし，原理・原則を省略して，必要不可欠な例外を条文化するということが行われました。

　たとえば，旧法90条は，「第5章　法律行為」（主に契約のこと）に関する最初の条文ですが，そこには「公の秩序又は善良の風俗（公序良俗）に反する……法律行為は，無効とする」という条文しかありませんでした。これは，「契約などの法律行為が，公の秩序などに反する場合は，例外的に無効となる」ということを意味しています。しかし，その前提である「契約は，自由に結ぶことができる」という原則（契約自由の原則）が条文にはありませんでした。

　つまり，民法を早期に成立させるためには，できる限り簡素な規定とする必要があり，あえて原理・原則を書かず例外から規定した訳です。

　そのため，民法は，その制定当初から，「判例などにより内容が補われることが想定されていた」と言え，時代の変化には解釈で対応すれば足りるとされてきたのです。

　そのようなことから，この120年の間に，民法の条文に規定されていない事柄はもとより，時代の変化に合ったルールにするために，おびただしい数の判例が出されて来ました。

　それらの判例や解釈により，民法の内容自体が補われており，法律の専門家にとっては，「条文を改正する特段の必要性が感じられない」という状況でした。

　しかし，それは「法律の専門家には，改正が不要であった」というに過ぎません。

■ 今回の改正の目的は何か？ ■

　すなわち，民法の条文のほかに，そのような判例や解釈があることは，国民には分かりません。

　もともと，民法などの法律には，「どのような行為をすれば，どのような結果となるかが事前に分かる」という予見可能性を保証する役目があります（そもそも，法律の制定は，基本的には国民の自由と平等を保証することを目的としてきました）。

　とすると，国民にとって，ルールの内容が分からない民法では，予見可能性が十分に保証されないこととなります。そこで，判例ルールや定着した解釈論を法文化することにより「分かりやい民法」を実現する必要がありました。

　これは，専門家のサポートを受ける機会の少ない市民や一般の企業にとっては，とりわけ重要です。

　また，この120年の間に，社会や経済が大きく変化したことは否定できません。たとえば，冒頭で述べた「約款」が利用されることは，120年前の日本では考えられておらず，旧法には何らの規定もありませんでした。ところが，現代では，むしろ約款を用いた契約が圧倒的に多く，この約款を民法で規定しなければ，「民法は，契約ルールの基本法であるとは言えない」とさえ思われます。

　そればかりか，立場の弱い市民・企業は，これらの約款を押し付けられる危険性があります（第7章参照）ので，そのような市民・企業を守る規定を設けることが必須となっています。

　そこで，今回は「分かりやすい民法の実現」とともに，「民法の現代化」（民法の内容を新しくする）を実現するための改正がされました。この2つの目的自体は，とりわけ立場の弱い市民・企業にとって重要なものであり，私も大いに賛成でした。

■ 民法の現代化の中身は？ ■

　しかし，具体的に「どのような点を重視して，民法の現代化を図るか」つまり「現代化の中身」については，厳しい意見の対立がありました。

まず，2006年に，著名な民法学者ほか30名余りが集まって，「民法（債権法）改正検討委員会」（以下「検討委員会」と言います）が立ち上げられました。

　この検討委員会には，法務省の改正担当者も参加しており，いわば改正原案を作成する役割を持っていたと思われます。この委員会は，約3年間に渡り精力的に検討を行い，最終的には，現代化の中身として「市場のグローバル化への対応を図るための改正」を提唱しました（基本方針，特に6頁参照）。

　これは，この120年間に，多くの人や企業などが国境を越えて活動するようになったことから生じた「グローバリゼーション」（産業・文化・経済などの統合化）という世界的潮流に，日本の民法を適合させるという考え方です。

　この検討委員会の考え方に立てば，民法の取引に関する規定を，「国際的な取引ルール」（国際物品売買契約に関する国際連合条約など）に合わせることを目標とすることになります。

　そのような立場から，検討委員会は，国際取引ルールを参考に，民法（債権法）の基本的な部分を，抜本的に改正すべきであるとしました。

■ 原案の特徴と問題点は？ ■

　この原案の基本部分の特徴を分りやすく言うと，「当事者の合意を重視して，自由競争や契約自由の原則を徹底する」というものです（合意主義と言います）。

　確かに，民法では，自由競争や契約自由の原則は重要です。また，自由競争がなければ経済の発展も難しくなります。

　しかし，民法においてこれらを徹底しすぎると，「契約において立場の強い者が，弱い者に対して，一方的な内容の契約書を押しつける傾向」が生じ，公平・公正な取引が実現されなくなるおそれが

あります。

　しかも，この検討委員会には，研究のためとは言え法務省の民法改正担当者数名が参加していました（他の学者グループの研究会には参加していません）。さらに，2009年10月に，政府の法制審議会のもとに民法（債権関係）部会という「改正案審議のための正式な会議体」（部会と言います）が設置され，検討委員会から多くのメンバーが委員などに選ばれました。

　そのために，この原案が「そのまま正式な改正案となるのではないか」との懸念が強まりました（＊）。

　以下，検討委員会の抜本的改正案における3つの問題点について述べます。

　＊　検討委員会は，同時に「消費者契約法の規定を民法に取り入れるべきである」旨の，消費者保護の提案も行っていました（基本方針23頁，111頁以下）。
　　　確かに，この提案自体は「弱者保護」につながりますが，これは「合意主義の採用によって消費者に厳しい法律となることとのバランスを図る」趣旨に過ぎないので，最後まで「死守される案」とは思えませんでした（このバランスを取る趣旨である点については，池田真朗「民法（債権法）改正検討委員会試案の成果と課題」中央経済社・ビジネス法務2009年9月号53頁参照）。
　　　実際にも，「消費者契約法の規定を民法に取り入れる」という提案については，当時から経済界の強い反対があり，最終的にも採用されませんでした。

■ その1　債務不履行による損害賠償責任はどうあるべきか？ ■

　検討委員会は，債務不履行による損害賠償責任のあり方について，抜本的な改正案を提示しました。

　それは，旧法415条の「責めに帰すべき事由」という用語の代わりに，「契約において債務者が引き受けていなかった事由」という文言を用いるという提案です。

そこで，事例を挙げて，「責めに帰すべき事由」や「契約におい
て債務者が引き受けていなかった事由」の意味について説明します。

この点は，民法のいわば「基本中の基本」に当たるものであり，
読者の皆様にも概要を知っておいていただきたいと思います。

事 例
（その1）

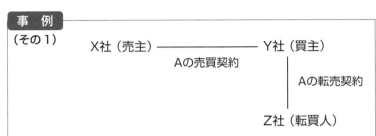

X社が，Y社に対し，特定物である機械Aを300万円で売却
することとなり，X・Y間で売買契約が締結されました。その
機械Aは，契約日から1ヶ月後（引渡日）に，Yに引き渡され
ることになっていました。

そして，X・Y間の契約の直後に，Yは，Z社に対して，A
を代金350万円で転売する旨の契約を交わしました。

ところが，その引渡日の前日に，Aを保管していたXの倉庫
が火災のため焼失し，その中にあったAも一緒に焼失しました。

そのため，Yは，Xに対し，売買契約の解除通知をするとと
もに，「Zへの転売による利益を得ることができなかった」と
して50万円の損害賠償を請求してきました。

Xは，Yに対し，50万円の損害賠償をしなければならない
ですか？

(1) 問 題 点

この場合，特定物Aが，引渡前に，保管されていたXの倉庫の火
災により焼失しており，履行不能が生じています（第1章参照）。

　そして，この履行不能によって買主 Y が損害を受けたとき，売主 X がその賠償をすべきか否かが問題となっています。これは，逆に言えば，「どのような場合に，売主 X は損害賠償責任を免れるか」という問題です。

(2)　旧法の規定や解釈はどうなっていたか？

　この点，旧法 415 条は，履行不能について債務者（売主 X）に「責めに帰すべき事由がない場合」は，債務者は損害賠償責任を免れるとしていました。この「責めに帰すべき事由」は略して「帰責事由」と呼ばれます。

　もっとも，帰責事由とは，要するに「責任を負うべき事由」というそれ自体には基準のない用語であり，具体的に，どういう場合に債務者（売主）が責任を免れるのかが不明確でした。

　そこで，帰責事由の意味を明らかにする必要があり，伝統的な考え方は，これを「故意・過失または信義誠実の原則上これと同視すべき事由」としていました（我妻・債権 105 頁）。なお，過失については様々な議論がありますが，この本では深入りをせず，単に「不注意」を言うこととします（詳しくは内田・民法 II 336 頁以下参照）。また，信義誠実の原則は，略して「信義則」と言われます。

　この伝統的な見解では，たとえば，売主 X の「従業員のタバコの火の不始末」という不注意が原因で倉庫が燃え，それと一緒に A が焼失して履行不能となった場合は，X に過失があることになります。

　すなわち，X 社の従業員は，X の「引渡債務の履行を補助する立場」にあるので，その不注意すなわち過失は，X 自体の過失と「信義則上同視すべき」ことになり，X についても過失が認められるのです。

　しかし，この伝統的見解では，売主側に過失があったか否か微妙な場合には，判断に苦しむことになります。

たとえば，この事例において，「第三者が近隣で放火したために火災が発生したところ，その車庫の周りにＸが古タイヤを野積みしていたため，火が古タイヤに燃え移り，そのためにそのＡが焼失した」などの場合においては，果たしてＸ側に過失があるか否か微妙です。

　なぜなら，「第三者による放火」についてはＸに不注意があるとは言えませんが，「古タイヤを積んでいたことが，車庫の火災について不注意があったことを意味するか」が，良く分からないからです。

　これに対し，判例は，必ずしもこの伝統的見解を採用しているとは言えず，具体的事案に応じて，その債務者に「不履行の原因があるか否か」を判断してきたとされています（中田・債権 133 頁以下は，判例が「不履行の原因」を問題としてきたという角度から分析をしています）。

⑶　検討委員会案の中身と問題点

　そのようなことから，検討委員会は，「帰責事由の意味が不明確で国民に分かりにくい」こと，及び「判例の見解とは異なる」ことなどを理由に，「帰責事由の概念を廃止すべきである」としました（基本方針 137 頁）。

　そして，検討委員会は，目的物の滅失などの「リスク」について，「契約において債務者が（そのリスクを）引き受けていなかった場合には，債務者は損害賠償責任を免れる」としました（基本方針 136 頁）。

　先ほどの例では，売主Ｘが，機械Ａの焼失というリスクを，「売買契約において引き受けていたか否か」により，損害賠償責任の有無が決まることになります。これは，目的物の滅失の「リスク負担」について，当事者間の合意がどのようにされていたかによって

結論を導き出すもので，まさに合意主義の現れです。

　この点，確かに，帰責事由の概念が分かりにくいことは否定できませんので，何らかの改正が必要でした。

　しかし，これに代えて「契約において債務者が引き受けた事由」という概念を用いる場合も，必ずしも国民に分かりやすいとは言えません。なぜなら，「債務の引き受け」という言葉であればともかく，「リスクの引き受け」という言葉が一般には馴染みがないからです。

　そればかりか，「契約において引き受けた」という点を重視した場合には，実際には，契約において立場の強い者が，弱い者に対して，「目的物滅失のリスクを引き受けるものとする」などの契約書を作成して，これを押しつける傾向が生じます。

　つまり，このような考え方が採用されると，買主の立場が強い場合は，買主が売主に対し，「売主は，火災などによる目的物の滅失のリスクを，全て引き受けるものとする」などの契約条項を押しつける傾向が生じるのです（日弁連意見1，4頁）。

　端的に言うと，この検討委員会の考え方は，提案者の意図はともかく，結果としては「契約において立場が強い者に，一方的に有利となる傾向の考え方」であり，そうではない立場の市民・企業に不利益であると言えます。

　そのようなことから，私はこの考え方に強く反対しました。このような角度からの反対意見は，最初は弁護士会内部でも少数派でしたが，幸いなことに徐々に支持を広げることができました（＊）。

　＊　私の意見が，当初は少数派に過ぎなかった理由は，主に2つあります。
　　　1つは，「民法が，対等な当事者を前提としているので，立場が強いか弱いかを考慮してはならない」という考え方があったからです。弁護士も，学生時代に民法を学者の先生方から習っており，実務に

入っても「民法が対等な当事者を前提とする法律である」という見方を，なかなか変えることができません。

　確かに，理論としては，民法は「対等な当事者」を前提としていますが，約款に見られるように，実社会では，多かれ少なかれ，立場に違いのある者の間で契約が結ばれることが多いと言えます。したがって，こうした見方は，現実とは異なります。この点を主張したところ，多くの方々に理解していただくことができました。

　もう1つは，「検討委員会が，民法に消費者契約法の規定を盛り込んで，消費者保護を図ろうとしている以上は，正面からは反対しにくい」という意見があったためです。

　しかし，検討委員会の言う「リスクの引き受け」を民法で認めると，消費者のような立場の弱い者は，まさに「引き受け」条項の犠牲者になりかねません。「民法の基本的な部分が，弱者に厳しい」と，いくら消費者保護の考え方を取り入れても，消費者は救済されません。この点も，消費者保護に熱心な方々に受け入れていただきました。

(4)　新法の内容

　そのようなことから，最終的には，この検討委員会案は採用されず，新法でも，基本的には「責めに帰すべき事由」という文言が維持されました。

　ただし，上記の「古タイヤを野積みしていた例」のように，過失の有無の判断が微妙な場合があることや，判例の考え方も併せ考慮する必要があります。結局のところ，個別の事案ごとに，「契約の文言のみならず契約に関する色々な事情をもとに，取引通念を考慮して，帰責事由の有無を判断する」以外に，適切な方法はないと思われました。

　そこで，新法415条1項は，「契約……及び取引上の社会通念に照らして」帰責事由の有無を判断すると規定しました。ここで「取引上の社会通念」というのは「取引通念」を意味しており，判例のような「総合的に判断する」立場に立つことを示していると思われ

ます（部会資料79-3，7頁と10頁参照）。

　そうすると，この新法は，契約書の文言を重視することにつなが
る検討委員会案ではなく，契約の諸事情や取引通念をも考慮して公
正・公平な取引を実現しようとする立場に立つものと言えます。

　その結果，立場の弱い市民・企業が「リスクの引受条項によって
一方的に不利益を受ける」ことを回避することができたと思います。

■ その2　損害賠償の範囲について ■

(1) 問 題 点

　次に，事例(1)で，売主Xについて帰責事由が認められ，損害賠償
責任が発生したとしても，Yの転売による利益に相当する50万円
の賠償をすべきか否かが問題となります。

　これは，「発生した損害のうち，どこまでの範囲を債務者が賠償
すべきか」という問題であり，「損害賠償の範囲」の問題と言いま
す。

(2) 旧法の規定や解釈はどうか？

　この点，旧法416条1項は，原則として「通常生ずべき損害」
（通常損害と言います）を賠償するものとしていました。

　この通常損害とは，「同種の事案において一般的に賠償されるべ
き範囲の損害」を意味するものであり，いわば「平均的な損害」に
ついての賠償をさせる公平な考え方と言えます。

(3) 検討委員会案と問題点

　ところが，検討委員会は，この通常損害の概念を廃止し，「債務
者が予見可能な範囲の損害」を賠償すべきであるとしました。そし
て，合意主義に立つことから，その予見可能性は「契約において定
まる」ことを前提としていました。

しかし，このような考え方も，立場の強い者が，弱い者に対し，契約書において「予見可能性を広げるための文言」などを記載して押しつける傾向を生じさせるものであり，妥当とは言えませんでした（この傾向が生じる懸念については，半田吉信教授「ドイツ新債務法と民法改正」信山社 345 頁参照）。

それ故，この点についても，私は反対しました。最終的には，この検討委員会案も採用されませんでした。

(4)　新法の内容

すなわち，新法 416 条 1 項は，旧法同条 1 項をそのまま維持し，「通常損害を賠償する」ことを原則としました。

また，同条 2 項は，「特別の事情によって生じた損害」（特別損害と言います）については，当事者がその特別事情を「予見すべきであった」ときに，賠償の範囲に含まれると規定しました。

この事例において，Ｘが，Ｙの転売による利益相当額（50 万円）の賠償をすべきか否かについては，次のように考えられます。

すなわち，一般的には，「転売契約の存在」は特別事情とされ，その特別事情から生じた損害，すなわち「転売利益を得られなかったという損害」が特別損害に当たります（不動産の売買における「転売利益の喪失」が特別損害に当たることについては内田・民法Ⅲ 161 頁）。

したがって，売主Ｘが，「転売契約の存在という特別事情について予見すべきであった」と言える場合にのみ，Ｘがその特別損害（50 万円）の賠償をすべきことになります。そうすると，売主Ｘが，機械Ａなどを扱う専門業者であればともかく，そうではない場合は，「買主Ｙがその機械を転売することを予見すべきであった」とは一般的には言えませんので，通常は特別損賠の賠償責任はないと言えます。

■ その3　契約の解除について ■

(1)　問 題 点

　最後に，契約の解除をめぐる議論について述べます。解除は，「一方的な意思表示によって契約を解消できる権利」ですから，それが行使された場合の影響が大きいので，重要です。これについても検討委員会は抜本的な改正をすべきであるとしました。

　以下，事例を挙げて説明します。

事 例

(その2)

A社（売主）──────── B社（買主）
売買契約

　売主A社が，買主B社との間で，中古の設備機器の売買契約を締結しました。そして，AはBに対し，引渡日にその中古の機器を引き渡しましたが，その機器の取扱説明書の一部を引き渡すのを失念しました。

　そこで，BがAに対して，この取扱説明書の引き渡しがなかったことを理由に，この売買契約を直ちに解除する旨の通知をしてきました。

　このようなBの解除は認められますか？

---

(2)　旧法の規定と解釈

旧法541条は，契約を解除する場合には，原則として，相手方に催告をすることを要求していました。これを「催告解除の原則」と言います。

　つまり，債権者（目的物引渡請求権を有する買主B）が，相当の期間を定めて債務者（売主A）に履行を催告し，債務者（A）がその期間内に履行しない場合に，初めて解除ができるという原則です。

　ちなみに，「相当の期間」というのは，この事例で言えば，「その

取扱説明書を引き渡すのに必要かつ相当な期間」であり，通常はそれほど長いものではありません。相当期間の長さは，契約の内容や不履行の程度その他の事情を総合的に判断して決まりますので，一律ではありません。

　この催告解除の原則に立てば，この事例の場合も，買主Bが売主Aに対し，取扱説明書の引き渡しについて相当期間を定めて催告し，その期間内にAがその引き渡しをしないことが解除の要件となります。

　なお，このような解除権は，民法の定めにより発生するものであり，「法定解除権」と呼ばれています。

(2)　検討委員会案について

　これに対し，検討委員会は，催告解除の原則を廃止して，「重大な不履行があれば，催告なくして解除できる」制度に改めることを提案しました（基本方針144頁）。これは，債務の履行期限が過ぎた場合，その不履行が「重大」であれば，あえて催告をすることなく「直ちに解除できる」ことを認めるものです。

　ここで問題は，何が「重大」な不履行に当たるかです。

　この点，検討委員会は，「当事者間の契約により，重大性が判断される」旨を主張しました（基本方針145頁）。この事例の場合，引き渡されなかった取扱説明書が，「A・B間の売買契約において，どの程度重要とされていたか」により決まることになります。これも合意主義の表れです。

　そうすると，たとえば，立場の強い買主が，立場の弱い売主に対し，「この中古機器の取扱説明書の引き渡しがされなかったときは，その説明書の内容がどのようなものであっても，すべて重大な債務の不履行となる」などの条項を作成して押しつける傾向が生じます（日弁連意見1，11頁）。

　その結果，実際には，その取扱説明書が，機器の操作や安全性などには全く影響がない「些細（ささい）な内容」のものに過ぎないのに，契約書により解除権が認められてしまうおそれがあります。

　そのようなことから，私は，この重大不履行解除の考え方も，立場の弱い市民・企業に不利益になると考え，反対しました。

(3)　私見に対する批判と，これに対する反論

　もっとも，旧法においても，「契約によって解除権が発生する」ことが認められていました。これを「約定解除権」と言います。

　たとえば，売買契約書において「売主が，この契約書の定めの一つにでも違反した場合は，買主は直ちにこの契約を解除できる」などと定められているのが，その例です。

　そこで，このような契約条項がある場合は，「旧法においても，取扱説明書の内容がどのように些細なものであっても，それが引き渡されない以上は契約違反があり，無催告での約定解除権が発生するはずである」との批判もありました。

　しかし，旧法のもとで，このように契約書の定めがありさえすれば無制限に約定解除が認められてきたかというと，そうとは言えません。

　すなわち，当事者間で意思が合致して契約が成立した以上は，本来は，その効力をできる限り維持する必要があります。これに対し，解除権はそのような契約の効力を一方的に失わせるものであり，「契約を維持することが相当でない」という例外的な場合に限って，認められるものです。

　そのようなことから，契約書に「売主が，この契約書の定めの一つにでも違反した場合……」などと記載されていても，実際には「法定解除権が認められるのに匹敵する程度に，契約違反の状態がある場合」に限って，無催告での約定解除権が発生すると解されて

来ました（新版注釈民法⑬債権(4)補訂版 800 頁参照）。

(4) 新法の内容——その1「催告解除の原則」の維持

この点からも分かるように，催告解除の制度は，単に債務の不履行または契約違反があっただけではなく，債権者が相当の期間を定めて「最後の猶予」を債務者に与え，それでも債務の履行がない場合に，もはや「契約を維持するのは相当でない」として解除権を認めたものです。

この催告による「最後の猶予」は，誰が債務者であっても一律に認められるものであり，契約において立場が強いか否かは関係がありません。つまり，催告解除は，「契約の解消においても，当事者間の公平を図る」制度であり，立場の弱い市民・企業の利益を守る観点からは，これを維持するのが妥当です。

このようなことから，最終的には，催告解除の原則を維持すべきとされ，重大不履行解除の考え方は採用されませんでした。

すなわち，新法 541 条本文では，旧法 541 条の文言がそのまま維持され，解除に関する考え方は基本的に維持されました（ただし，解除には「債務者の帰責事由」は不要とされました。＊参照）。

なお，新法 541 条ただし書きは，債務の不履行が「軽微」であるときは，解除ができないと規定しました。これは，判例が，不履行部分が「わずかなものに過ぎない」場合に解除を否定していることから，この判例ルールを明文化して分かりやすくしたものです。

以上の点から見て，この事例の場合には，買主Bが売主Aに対して，相当期間を定めて取扱説明書の引き渡しを求めたにもかかわらず，売主Aがなおも引き渡さなかった場合，原則として解除ができます。

ただし，その取扱説明書の内容が些細なものであるときには，解除ができないこととなります。解除ができない場合は，買主Bの売

主Aに対する損害賠償請求によって，買主の救済を図ることになります。

* 「解除に帰責事由が必要か」について

　　伝統的な見解は，「契約を解除するには，債務者に帰責事由がなければならない」としていました。

　　しかし，解除は，「債務者に対する制裁」ではなく，「契約を解消する制度」です。また，催告解除の原則は，あくまで「最後の猶予」を債務者に与え，それが守られない場合に「契約を維持するのは相当ではない」として解除を認める制度です。したがって，猶予期間が守られなかった場合には，相手方の帰責事由の有無を問題にすることなく解除できるとするのが一貫します。そのようなことから，新法541条では「債務者の帰責事由」は必要とされませんでした。この点は，次に述べる「無催告での解除」でも同じです。

(5)　新法の内容その2──無催告での解除

　また，旧法542条及び543条は，無催告での解除も認めていました。これは，「催告をする意味がない」場合に，催告を省略できるとするものでした。

　たとえば，売買の目的物（特定物）が，引渡日の前日に消滅して履行が不能となった場合には，あえて催告によって「最後の猶予を与える」必要がないので，無催告での解除が認められていた訳です。

　この点，新法542条1項は，履行不能などの典型的な場合（1号〜4号）のみならず，一般的に，「催告をしても契約をした目的を達するのに足りる履行がされる見込みがないことが明らかであるとき」に，無催告で解除できると規定しました（5号）。

　この5号は，旧法にはなかった規定です。そうすると，それによってあたかも，「旧法下よりも，無催告での解除が広く認められるようになった」とする見解が出てくるかも知れません。

　しかし，この考え方は妥当ではありません。なぜなら，すでに述

べたように，新法においても「催告解除の原則」が維持されているので，その催告を省略できるのはあくまで例外的な場合であり，「催告することに意味がない場合」以外には，無催告での解除を認める必要がないからです。

　実際にも，この5号は，「催告をしても……」と規定しており，催告をする意味がない場合にのみ，催告を省略できるとしているのです。

■ 経過措置の原則について ■

　新法は，2020年4月1日から国民の皆様に適用され，全面的に効力を持ちます。

　この日を施行日（せこうび）と言いますが，旧法下でされた契約や発生した債権について，新法が適用されるか否か，適用されるとすればどのような場合かが，問題となります。たとえば，事例その1（18頁）の売買契約が施行日前の3月中旬に交わされたところ，施行日以後の4月上旬になって目的物が引渡前に焼失し，YのXに対する損害賠償請求権が発生した場合は，新・旧法のいずれが適用されるかが問題となります。

　この点は，新法の附則（巻末の一覧表参照）という法律に規定されており，原則として，「施行日の前日までに発生した債権・債務」については旧法を，「施行日以後に発生した債権・債務」については新法を適用するとしています。すなわち，債権又は債務の発生時を基準に，新・旧法の適用を決めているのです。これは，国民の予測可能性を守るという趣旨に出るものです。なぜなら，「施行日前に発生した債権・債務についても，原則として新法が適用される」とすると国民の予測を裏切ることになるからです。したがって，原則的には，同年4月1日以後に発生した債権・債務についてのみ新法が適用されます。

　ただし，そうすると，売買契約が旧法下で結ばれていても，施行日以後の4月になって損害賠償請求権が発生した場合は，新法が適用されることになり，やはり国民の予測を裏切ることとなります。なぜなら，国民は，売買契約を交わすときに通用していた旧法によって，以後の法律関係が決まると考えるからです。

　そこで，附則は，債権・債務が「契約などの法律行為」に基づいて発生した場合は，「その法律行為がされた時」を基準として新・旧法の適用を決めることとしました（附則10条1項，4項ほか参照）。

　このように，「契約に基づく債権・債務については，契約成立日を基準として，新・旧法の適用を決める」ので，原則として施行日以後に締結された契約についてのみ，新法が適用されることになります。ちなみに，旧法から新法に移行するにあたって，不都合や不利益ができるだけ生じないようにする措置のことを「経過措置」と言います。

　ただし，この経過措置の原則については，重要な部分で特則が定められ，あるいは注意すべき点もあります。そこで，以下の事例において順次に解説します。なお，巻末の「附則に関する一覧表」には，各条文における「新・旧法適用の基準時」を記載していますので，あわせてご参照ください。

■ この章のまとめ ■

・今回の改正は，主として「分かりやすい民法」と「民法の現代化」という2つの目的を実現するためにされました。

・当初の抜本的改正案は，債権法の基本部分において，合意を徹底して重視する立場（合意主義）に立っていましたが，この考え方は採用されませんでした。

・むしろ，新法の基本的部分は，以下のようになりました。

① 債務不履行による損害賠責任は，債務者に帰責事由がある場合に認められます。その帰責事由の有無は，「契約の文言のみならず，契約の諸事情をもとに取引通念を考慮して」総合的に判断されます。

② 損害賠償の範囲については，原則として「通常生ずべき損害」を賠償すれば良く，債務者が不履行の時に「特別事情を予見すべきであった」ときに，それから生じた特別損害を賠償することになります。

③ 解除については，催告解除の原則が維持され，債権者が催告し，その相当期間内に債務者が履行をしないことにより，初めて解除ができるのが原則です。ただし，「軽微」な不履行の場合は解除ができません。

④ 無催告での解除は，催告をする意味がない例外的な場合に限り，認められます。

第3章 日本の社会に合った契約ルールと契約社会の実現

■ 日本の社会に合った契約ルールとは？ ■

　第2章での検討をもとに，3つの重要な問題点について，以下述べます。

　1つ目は，「日本の社会にあった契約ルールは何か」という問題です。

　私の見るところでは，合意主義（第2章参照）の背後には，「日本において，契約書を重視する社会を早期に確立するべきである」という考え方があると思われます。

　すなわち，これは，「民法の制定後120年経った今日でも，日本は契約書を重視する契約社会となっていないので，これを改める必要がある」というものであり，その考え方自体には私も賛成です。

　なぜなら，残念ながら日本では，市民はもとより，企業の中で圧倒的多数を占める中小企業も，相手方との取引に当たって信頼関係を尊重する余り，契約書を重視しない傾向があります。

　たとえば，日本では，①「契約書を取り交わすということは，相手方を信用していないことを意味する」との考えのもとに，契約書を交わそうとしなかったり，逆に②「契約書を交わしても，信頼関係によりそれと異なることをすることも許される」と考えて，契約書と異なる行為をしたりする傾向があります。

　さらには，③保証契約のように，契約書で債務者の保証人となることを承諾していても，「保証のリスクを自覚しない」という例も散見されます。

そのため，このような場合において実際にトラブルが発生した時に，多くの市民・企業が，契約書を取り交わしていないために「不利な判決」を受けたり，逆に契約書に反する行為をしたとして「損害賠償などの制裁」を受けたりします。あるいは，市民が，保証契約に基づいて「巨額の債務について責任を負わされる」例が散見されます。

　このように契約書が重視されない日本の社会は，契約社会とは言えないので，これを改めるべきであるという訳です。

　確かに，契約社会を実現しようとする目的自体は，私も否定しません。

　しかし，これを民法改正などの法律改正によって，一気に推し進めようとすることは，手段として妥当とは言えません。

　なぜなら，市民はもとより，法的なトラブルを抱えることがさほど多くない一般の企業（そのような企業は日本では「健全」と言えます）が，たまたま法的なトラブルに遭遇し，その時に契約書が交わされていなかったとして敗訴判決を受け，あるいは契約書に反したとして損害賠償による制裁を受けるなどして，初めて「契約書が重要である」と感じても，その時は「もはや手遅れ」となるに過ぎません。

　そればかりか，敗訴判決を受けた当事者が，あたかも裁判官が「契約書がない」こと，あるいは「契約書に記載されている」ことのみを重視し，「正義にそぐわない判断をして救済を拒んだ」などと，あらぬ誤解をするおそれもあります。

　これでは，市民や，トラブル経験の少ない健全な一般企業は，裁判所を利用しなくなり，かえって「司法による解決を図る」という法治国家の実現が果たせなくなるおそれがあります。

　のみならず，日本の契約文化は，「過度の弱肉強食型」ではなく，一言で言えば「共存共栄型」です。

　つまり，市民や一般の企業は，「相手方の利益を害してでも自分の利益を追求する」というよりも，「相手方との良好な関係を維持しつつ，お互いにとってのメリットや利益の拡大を考える」のが通常です。その意味で，過度の弱肉強食型ルールは日本の社会に合わないと思われます。

　むしろ，日本の社会に合った契約ルールを考えると，それは「自由競争を基本としつつも，公平・公正な取引を実現するルール」であると言えます。

　そして，それは取りもなおさず，「従来の判例・実務の基本的な考え方」を維持することに他ならないと考えます（旧法下において，信義則や平等あるいは公正さが重視されてきたことについては，高須順一「民法（債権法）改正を問う」酒井書店19頁以下参照）。

　つまり，「市民や一般の企業のために改正すべきものは改正し，変えるべきではないものは変えない」という姿勢が大切であると思います。

■ 初歩的な法学教育の重要性 ■

　それでは，そのような日本において，「契約書が重要な意味を持つ」という意識を，市民や企業に持ってもらう方法としてはどのようなことが考えられるでしょうか。それが，2つ目の重要な問題点です。

　これについては，私は「義務教育の段階における，初歩的な法学教育」こそが重要であると考えます。

　そのようなことを述べると，「義務教育の段階での法学教育では，早すぎて無駄である」などと考える方もおられるでしょう。

　しかし，その考え方は，少くとも現在の子供達の理解力に対する誤解に基づくものと思われます。

　たとえば，私は，かつて二度に渡り，聖徳大学生涯学習研究所

（千葉県松戸市　長江曜子所長）が開催した小・中学生対象の「ジュニア夢カレッジ」という体験型職業セミナーにおいて，講演を行いました。そこにおいて，私は，参加した小学校4年生から中学校2年生の生徒に対し，「個人保証によって被害を受けた人」の例を挙げて，「契約書によって重い責任を問われるのに，これを重視しないで安易に保証人になることが，いかに危険であるか」を解説しました。

　もちろん，当初は，どこまで理解してもらえるか不安がありましたが，実際には，1時間余りの授業で，参加した生徒達に，この個人保証の危険性について十分に理解してもらったのです（アンケート調査でも「良く分かった」という回答がほとんどでした）。

　このセミナーを受けた生徒達は，将来において個人保証の契約書にサインを求められても，「契約書どおりに責任を負わされるので，安易にサインしてはいけない」という意識を持って対処してくれると期待できます。

　ちなみに，このセミナーでは，もう一つのテーマとして約款の問題も取り上げました。この約款については，第7章において詳しく説明しますが，かなり高度な内容を含んでいました。しかし，これについても事例を挙げて，1時間に渡り分かりやすい説明をしたことにより，参加生徒達に相当程度に理解していただきました。

　ということは，小学生（高学年）や中学生であっても，簡単な事例を挙げるなどして分かりやすい説明を心がければ，契約書の重要性やその他の基本的な問題点について，相当程度に理解してもらえるということです。

　そして，その結果，彼らが大人になってからの生活や事業において，ここで得た知識・経験を役に立ててもらうことができると思います。また，そうしてもらえるよう，繰り返して教えることも重要です。

　したがって，少なくとも契約書の重要性については，小学生高学年のうちから，少しずつ繰り返し教えていく必要があり，かつ，十分に可能であると思います。

　このような体験や弁護士経験を通じて言えることは，日本においては，初歩的な法学教育が不十分であり，そのために「契約書を重視すべきである」という基本的な考え方を持てないまま，社会人や企業人となるケースが圧倒的に多いことです。

　さすがに最近は，大学生に，一般教養として労働契約法などを教えることにより，「ブラックバイト」や「ブラック企業」からの被害を防ぐことが検討されています。確かに，学生に労働法の基本やブラックバイト・企業などへの対処方法を教えることは重要です。

　しかし，労働契約法なども民法の特別法ですから，まず民法の契約ルールを教えておかなければ，正しい知識を持てないと思われます。そのためにも，遅くとも高校生までの間に，授業において民法の基本や「契約書がいかに重要か」について教える必要があると思います。

　以上のとおり，日本において，真に契約社会の到来を望むのであれば，私は，法律改正によってではなく，まずは初歩的な法学教育によって実現すべきであると考えます。

■ 市民・企業のための現代化 ■

　3つ目の重要な問題として，民法の現代化の中身として，合意主義に変わる「現代化の方向性は何か」を述べます。

　この点，私は，この改正の問題に関わった当初から，「市民や一般の企業のための現代化」を目指すべきであると考えてきました。

　すなわち，ここで市民とは，「主としてサラリーマン（退職者を含みます）やその家族」を指すところ，彼らは国民の大多数を占めています。

また，この本で，一般の企業とは，「主として中堅・中小企業」を指すところ，これらも，日本の企業の圧倒的多数を占めています（池田・民法はおもしろい 133 頁以下参照）。

　つまり市民や一般企業は「民法を利用し，その規律を受けるユーザー」のうちの圧倒的多数を占めており，その利益を守る方向での改正は，民法における「最大多数の最大幸福」を実現することにつながります。

　もちろん，市民や一般企業（以下「市民・企業」と言います）という概念は厳密なものとは言えませんが，この言葉で，「契約において立場が弱い者」を表しているのです。

　そして，実際にも，今回の改正では，大きく 2 つの点で市民・企業のための改正がされたと言えます。

　まず，「保証人保護の強化」がそうです。

　特に，個人保証の制限と言って「個人が保証人となることを制限する」ことは，当初は改正のテーマとはされていませんでした。これに一石を投じたのが，日本弁護士連合会（日弁連と言います）の「保証制度の抜本的解決を求める意見書」（2012 年）でした。これにより，個人保証の制限を初めとする多くの方策が盛り込まれることになったのです。詳しくは第 4 章以下で述べます。

　もう 1 つが，約款ルールの明文化です。

　すなわち，多くの場合，大手企業などの事業者が予め約款を準備して，相手方である市民・企業に提示し，その約款を用いて契約するよう求めます。

　これに対し，相手方は「一方的に不利益な内容の条項」が盛り込まれていても，それに気づかなかったり，あるいは多少は気がついても「他の人たちと同じように扱われるのであれば大丈夫であろう」などと考えて，契約書にサインしたり，インターネットの取引規約の「同意」ボタンにクリックすることが多いと言えます。

　ところが，旧法では，約款に関する規定がないために，契約後に「一方的に不利な内容の約款があった」ことが分かった場合に，どのように対処してよいか分からない状態でした。

　これは，とりわけ，法律専門化のサポートを受ける機会が少ない市民・企業にとって重大な問題でした。

　そこで，新法は，「約款ルールを明文化」し，かつ，「一方的に不利益を与える条項（不当条項）の効力を否定する」旨の規定を設けました。詳しくは第7章で述べます。

　これらは，市民・企業のための改正の代表例ですが，それ以外にも多くの新法の規定が，その利益を守るために設けられています（詳細は個別に述べます）。

　その意味で，今回の改正は，消費者の保護（マスコミの論調にはそのようなものが散見されます）にとどまらず，広く「市民・企業のための改正」となったものと考えます。

■ この章のまとめ ■

・日本に合った契約ルールは，「自由競争を基本としつつも，公平・公正な取引を実現するルール」です。

・日本においても，契約書を重視する社会を実現することが重要ですが，それは，「市民・企業に厳しい方向での法律改正」によってではなく，「義務教育の段階での初歩的な法学教育」によって実現すべきです。

・民法において「最大多数の最大幸福」を図るためには，今後とも市民・企業のための改正を行うべきです。

第4章 個人保証を制限するための方策とは？

　今回の改正が，市民・企業のための改正であり，その代表例が「保証人保護の強化策」を採用した点にあることは，すでに述べたとおりです。

　そこで，以下においては，この強化策のうち，まず「個人保証契約の成立の制限」（個人保証の制限と言います）の問題について，事例を挙げて具体的に述べます。

事　例

```
　　　　　　　　　　保証の委託契約
保証人A ─────────────────→ 事業者C（代表者X）
　　　＼　　　　　　　　　　　　　　　／
保証契約　＼　　　　　　　　　　／　貸金債権
　　　　　　　＼　　　　　　／
　　　　　　　　　　B銀行
```

　事業者Cは，B銀行から事業のために5000万円を借りることにしましたが，その際にB銀行から保証人を立てるよう求められました。そこで，事業者Cは，個人であるAに対し，その借入の保証人となってくれるよう申し入れました。

　これを受けてAが保証をすることにしましたが，以下の場合に，Aが保証人になることについて，何か手続上の問題はありますか？

(1)　事業者Cが株式会社であり，保証人となろうとするAが，「代表者Xの友人」であったが，Cの事業には何ら関係していない場合

(2) 事業者Cが株式会社であり，Aが「Cの取締役」であったが，全く事業には関わっていない「名目だけの取締役」であった場合

(3) 事業者Cが個人事業者（C＝X）であった場合で，かつ，保証人Aが「Xの妻（配偶者）」であった場合

■ 旧法の問題点は？ ■

この事例では，事業者Cの5000万円の借入金債務について，AがB銀行に対し，個人で保証しようとしています。

このような個人保証が有効か否かについて，旧法には特に規定がありませんでしたが，当然ながら有効とされていました。

なぜなら，まず，保証というのも，B銀行がAに対して「保証してくれ」という申込みの意思表示をし，これに対しAが「保証します」という承諾の意思表示をすることにより成立するものであり，一種の契約です。

そして，すでに述べたように，民法には「契約自由の原則」があり，B銀行が，個人Aとの間で，このような保証契約を結ぶことは自由であって，当然に有効とされたからです。

なお，保証契約は，「B銀行と保証人A」間の契約であって，「事業者Cと保証人A」間の契約ではありません。事業者CとAとの間には保証を「委託する契約」がありますが，これは「保証契約」ではありません（この誤解が多いことについては，池田・民法はおもしろい45頁以下参照）。

ちなみに，旧法が2004（平成16）年に一部改正された際に，「保証は書面でしなければその効力を生じない」と規定されましたので，書面によらない個人保証契約は無効となります（民法446条2項）。これも保証のリスクを防ぐための方策の1つでした。

ところが，日本では，借主の親族のみならず「単なる友人や知

人」までもが，「義理人情」により，あるいは「絶対に迷惑をかけ
ない」という借主の言葉を安易に信用して，リスクを考えないまま
個人保証をするケースが多いと言えます。

　そのため，借主が経済的に破綻した場合に，保証人も借入金の返
済ができずに同様に破綻するばかりか，悲嘆のあまり自殺するケー
スも見られます。

　そのようなことから，「個人保証を制限する」ことが重要な課題
となりました。

　そこで，金融庁は，2011年に，金融機関に対する監督指針を改
正し，「第三者（経営者以外の者）の個人保証を求めないことを原則
とする融資慣行の確立」を求めました。

　ちなみに，良く見かける連帯保証は，保証人が債務者と「同じ責
任を負う」ものであり，債務者と「責任を分担して負う」ものでは
ありません（この誤解が多いことについても，池田・民法はおもしろい
52頁以下参照）。また，通常の保証と違って「債務者にまず請求せ
よ」などと主張することが認められておらず，むしろ通常の保証よ
りも重い責任を負います（民法452条〜454条）。

　ただし，この監督指針には，後に述べるように，いくつかの例外
があるばかりか，法的な拘束力はありません。

　そこで，個人保証の成立を法律で制限することが，現代社会にお
ける重要な課題となりましたが，今回の改正検討の当初においては，
個人保証の制限はテーマにはなっていませんでした。民法では契約
自由の原則があるために，保証契約の成立を制限することは困難と
思われていたからです。

■ 保証についての日弁連意見書 ■

　この事態を打開するため，2012年，日弁連は「保証制度の抜本
的改正を求める意見書」（＊）を作成・公表し，「個人保証を原則的

に無効にする」ことなどを新法に規定するよう求めました（日弁連保証意見1，1頁参照）。

　ここで，「原則的に無効」としているのは，若干の例外を許容する趣旨ですが，具体的には，①「経営者」保証と，②賃貸借における賃借人債務の保証など「問題が比較的少ない保証」が例外に当たります。詳しくは以下のとおりです。

①　まず，「経営者」保証とは，たとえば法人が借入をする際に，その代表者などの「経営者」が保証をすることを言います。この「経営者」は，自らが経営する法人のために保証をするものであり，義理人情から保証することはありません。

　　それぱかりか，「事業のために借り入れた金銭を，経営者個人のために流用したにもかかわらず，保証人としての責任を免れることができる」としたのではモラル（経営規律と言います）が失われるおそれもあります。

　　そのため，個人保証を原則として禁止しつつも，「経営者」保証については例外とせざるを得ませんでした。

②　また，「賃貸借における賃借人の債務」を個人保証する場合などは，例外的に有効としました。これは，個人保証における最大の問題が，「事業のための融資についての保証」にあり，それ以外の債務の保証については，個人保証それ自体を制限するほどの問題はないので，ある程度許容せざるを得ないとしたものです。

＊この意見書の原案を作成したのは，日弁連の中の消費者保護の対策を考える弁護士グループです。そのメンバーの中には，フランスの現地視察に出向き，「保証人の責任を限定する方法」（後に述べます）を研究した熱心な弁護士もいます。

■ 保証意思の表示と公正証書——事例の(1) ■

　このような日弁連意見を受けて，法制審議会の部会では，個人保証の制限を始めとする保証人保護の強化策を，テーマとして取り上げることになりました。

　しかし，もともと契約自由の原則が働く民法では，簡単には個人保証を「原則的に無効」とすることはできません。

　そこで，まず，個人保証の制限の最大のターゲットである「事業のための借入金債務の保証」を中心に，個人保証を制限することとしました。

　さらに，その場合でも，個人保証であるからと言うだけで契約を無効とすることはできないので，「公正証書によって保証の意思が表示された場合に限り有効」とし，その表示がされない場合は原則として無効とするとしました。

　ここで公正証書というのは，公証人という一種の公務員が委託を受けて作成する文書であり，遺言（公正証書遺言）などでは，良く使われています。

　そして，公証人は，保証人本人と面談のうえ，保証人から「口頭で保証の意思を確認する」必要があるとしました（＊）。

　すなわち，これまでも，金銭貸付契約について公正証書化する例が散見されましたが，その場合に，公正証書を作成すること自体は「代理人が出頭」して行われる例が多かったと言えます。

　しかし，「保証意思の表示」の場合も代理人で良いとすると，果たして「保証人がリスクを理解して保証したか否か」が不明です。そこで，そのような「代理人による公正証書の作成」は認めないようにするため，遺言公正証書と同様に，「公証人の面前で保証意思を表示させる」ことにしたものです。

　このようなことから，新法465条の6第1項は，事業のための借入金債務についての保証においては，保証人になろうとする者が，

「保証契約に先立ち，その締結の日の前1ヶ月以内に作成された公正証書において，保証意思を表示する」べきものとしました。

このような「公正証書による保証意思の表示」がなければ，保証契約は原則として無効となります。なお，「経営者」保証の場合に限って例外が認められます（新法465条の9）が，この点は後に述べます。

そして，同条2項は，保証人が直接に口頭で表示すべき保証の内容として，以下の点を挙げました。

① 主たる債務（借入金債務など）の債権者と債務者
② 主たる債務の元本・利息・違約金・損害賠償その他その債務に従たる全てのものの定めの有無及び内容

こうして，公証人が，保証人となろうとする者の保証意思及び上記①と②の点を事前に確認する手続を取ることにより，保証人に「保証のリスクを十分に自覚してもらう」ことが可能となり，安易な保証がされにくくなります。

しかも，保証人が保証債務を履行できなければ，自宅の不動産や給与あるいは預金を差し押えられたりして「生活の基盤を失うリスクがある」ことを認識しているかも，公証人は確認することとなりました（一問一答145頁参照）。

ただし，この制度については，次のような批判がありました。

それは，新法の制度のもとでは，「連続して2本の公正証書が作られることにより，保証人が裁判を経ないでも強制執行を受けてしまう危険がある」という批判です。

すなわち，1本目の公正証書は，上記の「保証意思の表示の公正証書」であり，その直後に連続して作られる2本目とは「金銭借入契約についての公正証書」（通常は，「保証人は強制執行を受けても異議がない」旨の条項が入ります）を言います。そして，新法によれば，この2本が連続して作られるようになり，しかも，2本目の「強制

執行を受けても異議がない」旨の文言により，裁判を経なくても保証人が強制執行を受けてしまうことになると批判しています。

　確かに，そのような懸念があることは否定できません。

　しかし，旧法のもとでも，しばしば代理人によって「金銭貸付の公正証書」が作成され，そこに「強制執行されても異議はない」旨の文言が記載されていたので，それこそ「保証人の保証意思の確認がされることなく，いきなり保証人が強制執行を受けてしまう」ということが多くありました。

　それに比べれば，新法では，その前に少なくとも公証人が保証人本人と面談し，保証意思の確認がされる訳ですから，旧法よりも保証人の保護が前進こそすれ，後退するものではありません。

　のみならず，新法のもとでは，「保証意思に関する公正証書」を作った日に，同じ公証役場で連続して「金銭貸付の公正証書」を作成する場合は，そのことは公証人にも当然に分かります。この場合，公証人としては保証意思をさらに慎重に確認すべきです。

　なぜなら，このような2つの公正証書が連続して作成される裏には，「保証人の意思が変わらないうちに，金銭貸付の公正証書を作ってしまおう」という貸主の思惑があり，貸主が主導した「保証意思に関する公正証書」であることが明らかであるからです。このような場合には，公証人は保証意思の確認の際に，「保証人になろうと決断した経緯」についても確認しなければなりません（Q&A保証実務134頁参照）。

　仮に，公証人が，このような場合に保証人の意思を十分に確認しないで公正証書を作成した場合には，保証が無効であるとして訴訟が頻発することも考えられますので，公証人も相当な緊張感を持って，この保証意思に関する公正証書の作成に臨まざるを得ないと考えます（巻末の参議院附帯決議五の1及び2並びに十一を参照されたい）。

　以上をもとに，この事例(1)を検討します。

まず，(1)では，事業者Ｃが，事業のためにＢ銀行から金銭を借り入れるに当たり，「Ｃの代表者Ｘの友人」であるＡに，その保証人になってもらおうとしています。このＡは，「Ｃの事業には何ら関わっていない個人」ですから，明らかに第三者と言えますので，事前の公正証書の作成が必要です（新法465条の6第1項）。

　したがって，この新法により，Ａが，借入契約の日の前1ヶ月以内に，公証人の面前で，保証の意思について口頭で表示しない限り，保証契約は無効となります（＊）。

　これにより，第三者の個人保証は，「原則として，公正証書によって保証意思の表示をしなければ無効となるような危ない契約」であり，他の一般の契約とは異なる「特殊な契約」になったものと解されます。

　この点が，旧法における個人保証と決定的に違います。したがって，今後は，この「特殊な契約」を，さらに制限して行く方向で，再改正がされなければならないと言えます。

　　＊　耳が不自由な方などについては，特別の定めを置いています（新法465条の7）。

■「経営者」保証の例外について（法人の場合）── 事例の(2)■

　先ほども述べたように，「経営者」保証については，個人保証の制限の例外を認めざるを得ないと言えます。なぜなら，「経営者」の場合は，自らが経営する法人などとの関係では「義理人情による保証がされる危険性」がなく，かつ，「経営規律を維持する」必要があるからです。

　しかし，「経営者」という用語は経済用語であって，法律上は誰のことを指すのかが明らかではありません。そこで，どのような基準で「経営者」の範囲を決めるかが問題となりました。

　この点，「経営者」概念については，実質基準によるとする考え方と，形式基準によるとする考え方とがあります。以下，法人の場合を先に検討します。

　まず，実質基準による立場は，「法人を実質的に経営する者」を言うとしています。ところが，「実質的に経営する者」としては，主たる債務者が株式会社のときに，代表取締役や「その株式の過半数を有する者」がこれに当たる言えますが，それ以外は明確とは言えません。

　これに対し，形式基準による考え方は，株式会社においては，代表取締役のみならず，それ以外の取締役も「経営者」に当たるとしています。確かに，取締役であれば，代表取締役の業務執行に対する監視権限が法律上ありますので，それを使って代表者の業務執行をチェックできます。

　しかし，そうすると，実際には経営に関与していない名目的な取締役も，法律的には監視権限を有しているので，「経営者」に当たることになります。これは，問題がないとは言えません。

　そこで，この両方の考え方の問題点を解消する観点から，日弁連は，「経営者」の定義を，主たる債務者の「業務全般を執行する権限を有する者」と定義することを提案しました（日弁連保証意見2, 4頁）。この考え方によれば，取締役であっても業務全般を執行する権限を有していない者は，「経営者」に当たらないこととなります。

　しかしながら，この日弁連の基準に対しても，学界や経済界から，「誰が業務全般を執行する権限を有する者にあたるかが，直ちには分からない」などの批判が強くありました。

　そのようなことから，結局のところ，新法465条の9は形式基準を採用し，主たる債務者が法人である場合には，次の者が「経営者」に当たるとしました。

①　法人の理事，取締役，執行役など（同条1号）

②　法人の総株主の議決権の過半数を有する者など（同条2号）

　このうち①については，株式会社で言えば，代表取締役を含む取締役が入ります。また，執行役というは，会社の業務を執行する者であり，いわゆる「執行役員」とは異なる概念です。

　したがって，事例の(2)については，Aが「C株式会社の取締役」であることから，名目的な取締役に過ぎなくても，新法465条の9第1号により，保証意思を表示する公正証書を作成する必要はありません。

　もっとも，単なる取締役を「個人保証の制限の例外」とすることについては，中小企業経営者側から批判がありました。その理由は，これまでの金融庁の監督指針では，このような取締役が「経営者」に含まれていないのに，新法で「経営者」に含まれるとしたのでは，例外が拡大することになりかねないとする点にあります。

　しかし，この批判には誤解があります。と言いますのも，新法のもとでも当然ながら監督指針は維持されます。なぜなら，個人保証が原則的に自由であった旧法下でも，この監督指針が通用していた訳ですから，保証人保護を強化する今回の改正によって，その監督指針の内容が，変わるはずがないからです。

　したがって，少なくとも金融機関による融資の保証の場合は，これまでどおり，「単なる取締役は，個人保証を求められる対象にはならない」と言えます。

■ 個人事業者の場合——事例の(3) ■

　では，事例の(3)のように「借主Cが個人事業者」の場合はどうでしょうか。この場合，代表者Xそのものが個人事業者ですから，「C」は，いわゆる屋号であり，CすなわちX（CことX）となります。そして，この場合に誰が「経営者」に当たるかが問題です。

　この点，まず，個人事業者と「共同して事業を行う者」が「経営者」に当たることは争いがありません。共同して事業を行う者は，個人事業者と同視できるからです。新法465条の9第3号もその旨を定めました。

　問題は，「個人事業者の配偶者」がこれに当たるかです。

　これについて，日弁連は，単なる配偶者は個人事業者と同視できないので，「経営者」に当たらないと主張しました。

　しかし，肝心の中小事業者団体のうち，ある有力団体が，「単なる配偶者」も，広く「経営者」に含めるべきであると主張しました。これは，金融庁の監督指針のもとでも，配偶者が例外的に「経営者」に含まれているので，この金融実務を維持するべきであるというものです。

　その背景には，配偶者の保証によってでも融資を受けることがスムーズにできなければ，小規模な個人事業者の経営は難しくなるおそれがあるという点があります。

　これに対し，日弁連は，配偶者こそは「義理人情から保証人になる」典型例であり，かつ，業務執行に関与しない「単なる配偶者」について「経営規律を考える必要がない」と反論しました。

　しかしながら，この中小事業者の団体が，少なくとも「単なる配偶者」を例外として認めない場合は，「個人保証の制限それ自体に反対する」旨の意見を述べ，そのために「個人保証の制限」という方策が実現できないおそれが生じました。

　そのようなことから，法制審議会の部会では，「配偶者」について，一部妥協してでも個人保証の制限を実現する他ないということになりました。

　こうして，新法465条の9第3項は，「事業に現に従事している配偶者」も個人保証制限の例外となる旨を規定しました。

　ただし，同条は，配偶者について，事業に「現に従事している」

という絞りをかけているので，名目上の経理担当者など，事業に実際に従事しているとは言えない配偶者は，この例外には当たりません。

とは言え，「事業に現に従事」していれば足りると規定されているので，経理帳簿に数字を書き込む仕事しかしていないなどの「業務執行に全く関わらない配偶者」までもが「経営者」に含まれることになりかねず，妥当とは言えません。

そこで，将来においては，「現に従事している……配偶者」という文言を，この規定から削除する方向での再改正が望まれます（巻末の参議院附帯決議五，3及び衆議院附帯決議四，3参照）。この点，保証制度については，2011年に改正がされたように，民法改正のスケジュールとは別に短期間で見直しがされていますので，早期の再改正も十分に見込めます。

のみならず，新法の規定の解釈としても，「共同事業者と同視できる程度」に事業に従事している配偶者に限定するのが妥当と考えます（同旨は潮見・概要144頁参照）。なぜなら，業務執行に全く関わらない配偶者については，経営規律を維持する観点からの例外を認める必要がなく，また，配偶者は，むしろ義理人情のために保証人となることを余儀なくされるおそれが高いと言えるからです。

このように，今回の改正においては，「条文」の上では，「業務執行に全く関わらないが，現に事業に従事している配偶者」が例外となり，問題が残りました。

しかし，それでも，新法において，個人保証契約が「特殊な契約」であるとされた以上は，この配偶者の例外規定を削除する方向で，早期に再改正を行うことが望めますし，かつ，新法の解釈においても「事業に現に従事している配偶者」の意味を限定すべきものと考えます。

■ 代表者保証について ■

　最後に，多くの中小企業経営者は，民法において「代表者保証を禁止する」ことを望んでいます。

　確かに，将来的には代表者保証も禁止されるべきですが，今回の改正においては，上述のとおり「業務執行に関わらない配偶者」ですら「経営者」とされていますので，代表者保証を禁止するところまでは，もちろん実現することができませんでした。

　この点は将来の課題として引き続き検討すべきです。

　ただし，代表者保証については，今回の改正の取りまとめの最中に，この改正の議論を受けて，「経営者保証に関するガイドライン」（日本商工会議所や全国銀行協会が事務局）が作成されました。

　これは，金融機関は，「今後は，できる限り代表者保証を取らないで融資をするよう努力する」ことを求めたものです。また。これまで代表者保証を取って融資をしてきた場合においても，「企業会計と家計との分離が図られている」など優良な企業については，「代表者保証を外すよう努力する」ことも求めています。

　このことにより，当面はこのガイドラインによって代表者保証を減少させて行くことが可能となりました。

　実際にも，最近では経営者保証を取らないで融資する金融機関も出てきており，既存の代表者保証についても借り換えの際に保証を外す例も出てきています。

　このガイドラインによって，代表者保証を取らない方向での融資が大半を占めるようになれば，「事業のための貸金等債務について全ての個人保証を禁止する」ことも可能となって来ると考えます。

■ 保証の新法（公正証書作成の義務化）の経過措置について ■

　保証も契約ですから，第２章で述べたように，2020 年４月１日以後に締結される保証契約に適用されます。そうすると，その日以

後に締結される「事業のための貸金等債務の個人保証」については，「保証意思を表示した公正証書」の作成が義務づけられます。

　もっとも，2020年4月中に保証契約を締結する場合も，その日前1ヶ月以内に保証意思に関する公正証書を作成しなければなりません。しかし，同年3月の時点では新法が適用されませんから，保証意思に関する公正証書を作成できないのではないかという疑問が生じます。

　そこで，附則1条3号及びこれに関する政令において，「2020年3月1日から，保証意思を表示する公正証書を作成することができる」とされました。これにより，4月中に成立する保証契約についても，事前（旧法下）に公正証書を作成することができ，適正に公正証書を作成すれば，4月1日以後の「事業のための貸金等債務の個人保証」が有効となります。

■ この章のまとめ ■

・新法の下では，事業のための貸金等債務の保証においては，原則として，保証人が「保証契約の1ヶ月前に公正証書によって保証意思を表示する」必要があります。この手続をしなければ，保証契約は無効となります。

・「経営者」については公正証書による保証意思の表示は不要とされましたが，法人においては「単なる取締役」が「経営者」とされ，個人事業者においては「事業に現に従事する配偶者」もこれに当たるとされたため，課題が残りました。

・これらの例外については，早期に見直し（再改正）がされるべきですが，配偶者については，新法下においても「共同事業者と同視できる程度に，事業に現に従事している」場合に

限って例外を認めるべきです。

第5章 債務者の資力などについての情報提供義務とは?

　これまでは，保証人になろうとする者に対して，賃金契約における借主の「資力」や「他からの借入金」などについて，正しい情報が提供されていない例が見られました。

　そして，それらの情報が提供されないために，保証人が「借主の返済能力」に疑問を持たないで保証をし，後で過酷な責任追求を受ける例が散見されました。

　そこで，新法は，このような問題に対処するため，新たに保証契約の取消権について規定しました。以下，事例を挙げて説明します。

事 例

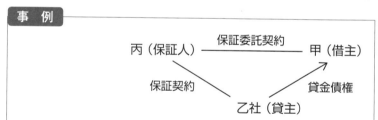

　甲（個人事業者）が，その事業の運転資金として，6000万円を貸金業者の乙社から借り入れることとし，融資を申し込みました。そうしたところ，乙の担当者から「誰か保証人を立てて下さい」と言われたので，甲は，友人の丙に，借入の保証人になってくれるよう頼みました。

　これに対し，丙は，保証人となるべきか否か迷っていました。しかし，借主甲が，乙の担当者と一緒に丙の自宅に来て，「自分の商売はうまく行っているので，返済に問題はない。絶対に

迷惑をかけないから保証人になって欲しい。」と懇願しました。

　そこで，丙は，甲の言葉を信用して保証人となることとし，新法465条の6で定められた公正証書による保証意思の表示（第4章参照）をし，その10日後に保証契約を結びました。

　ところが，甲は，その当時から他に多額の借入金があったために，その1年後に返済に行き詰まり，6000万円の元本についてほとんど返済することなく破産してしまいました。

　そのため，丙は，乙から借入金などを一括して支払うよう請求を受けました。

　丙は，これに応じなければならないでしょうか？

■ 詐欺の規定による保証人の救済は可能か？ ■

　この事例は，実際にあった事件をもとにしており，しかも貸主乙が銀行であったという事案です（＊）。

　この事例で，丙は，6000万円もの融資の保証人になることについて迷っていましたが，借主甲が，「自分の商売はうまく行っているので，返済に問題はない……」などと述べたために，本当に経営が順調に行っているものと誤信し，保証契約を結んだ訳です。

　その結果，保証人丙が，巨額な借入金の返済を求められています。

　そうすると，読者の中には，「借主甲が，丙に対し詐欺をしているので，この保証契約を詐欺で取り消すことができる」と思われる方もおられるでしょう。

　確かに，甲が，実際には多額の負債を抱えて返済に苦しんでいたはずであるのに，丙に対しそのことを告げないで，むしろ「返済に問題はない」などと事実と違うことを言っているので，詐欺をしているかのように思われる方も多いでしょう。

　しかし，このような場合には，詐欺はほとんど認定されません。以下，その理由を説明します。

(1)　相手方の詐欺による取消

　民法 96 条 1 項は，「詐欺による意思表示は取り消すことができる」としています。これは，「意思表示の相手方」が詐欺をした場合の規定で「相手方の詐欺」と呼ばれます。

　ところが，先ほども述べたように保証契約は，「保証人丙と貸主乙」との契約であって，「借主甲」との契約ではありません。したがって，保証の意思表示の「相手方」というのも，「貸主乙」になります。なお，「借主甲」が丙に対して保証を依頼していますが，これは単に「保証人となることを委託した」もので，保証委託契約に過ぎません（このような誤解が多いことについては，池田・民法はおもしろい 45 頁以下）。

　すなわち，「相手方の詐欺」により取消ができるのは，保証の意思表示の相手方である「貸主乙」が詐欺をした場合に限られます。

　ところが，この事例では，貸主乙（の担当者）が「商売はうまく行っているので返済に問題はない」などと述べた訳ではありませんので，「相手方の詐欺」は問題とはなりません。

(2)　「第三者の詐欺」による取消

　そこで，民法に詳しい方は，同条の「第三者の詐欺」（新法 96 条 2 項）の規定が適用されると思われるかも知れません。

　これは，「意思表示の当事者」以外の者が詐欺をした場合を言い，保証契約の場合も，当事者は「貸主乙と保証人丙」ですから，それ以外の者である借主甲は，この関係では第三者に当たります。

　そして，新法 96 条 2 項は，保証契約の相手方である貸主乙が，その第三者（借主甲）の詐欺を「知り，又は知ることができたとき」に，意思表示の取消ができると規定しました。

　そうすると，この事例では，第三者である借主甲が，保証人丙に対して詐欺をし，このことを保証の意思表示の相手方である「貸主

乙」が知ることができれば，これにより取消ができるかのようです。

　しかし，そもそも詐欺においては，被害者（保証人丙）が，加害者（借主甲）の「だます意思」を証明しなければなりませんが，実際には，容易ではありません。

　すなわち，この「だます意思」というのは主観的な要件であり，一般的にはその立証が困難です。また，裁判所では，簡単には「だます意思」は認定されません。「オーバーなセールストーク」など「事実と違うことを言った」だけで簡単に詐欺が成立するのでは，自由な経済取引が成り立ちにくいことなどが理由です。

　実際に，この事例のもととなった事件でも，裁判所は，借主甲の詐欺を認めませんでした。

　したがって，保証契約において，借主甲が「第三者」に当たるとしても，「だます意思」が認められないとして，詐欺が否定されてしまうのが通常です。

＊東京高裁平成24年5月24日判決・判例タイムズ1385号168頁参照

■ 錯誤の規定による保証人の救済は可能か？ ■

　こうして，この事例では詐欺の成立が認められません。このあたりが保証契約の厳しさを表しています。

　しかし，そうであるからと言って保証人に支払義務を負わせるのも酷ですので，実際の事件では，裁判所は「錯誤（さくご）により，保証契約が無効である」旨を判示しました。

　この錯誤とは，分かりやすく言うと，意思表示の主要な部分に「思い違い」があることを言います（新法95条。ただし，旧法と異なり効果は「取り消し」となっています。＊1）。

　たとえば，ある商品を「100ドルで買う」つもりであったのに，1ドルと1ポンドは同じ価値のものと誤信して「100ポンドで買う」

と言った場合は，錯誤が認められます。

　しかし，事例の保証の場合には，丙は，「保証人になる意思」で「保証する」旨を申し込んでおり，それについての「思い違い」はありません。

　それなのに，何故，裁判所が錯誤を認めたかというと，「動機の錯誤」という考え方があるからです。これは，「借主の返済に問題はない」という「保証の動機」において誤りがある場合についても，「思い違い」があるとして錯誤を認めるものです。

　なお，旧法には，「動機の錯誤」に関する条文はありませんでしたが，判例は，この理論を認めて来ており（＊2），これを受けて新法95条1項2号は，動機の錯誤を明文化して分かりやすくしました。

　すなわち，動機の錯誤とは，意思表示をした者に，「法律行為の基礎（前提という趣旨です）とした事情について錯誤があった」場合を言います。

　そして，同条2項は，「その事情が法律行為の基礎とされていることが表示されていた」場合に，取消ができる（ただし，錯誤が重要なものであることも必要）と規定しました。

　問題は，「その事情が法律行為の基礎とされていることが表示されていた」の意味ですが，たとえば，「他に多額の借入金がないことが保証契約の前提となっていることが表示されていた」ことを意味します。ただし，その表示は，明示のもののみならず黙示のものでも構いません。

　したがって，この事例においても，保証契約の諸事情に照らし，「他に多額の借入金がないことが，保証契約の暗黙の前提となっていた」と言える場合は，この要件を充たすことになります。

　そうすると，読者の皆様は，この事例の場合も，新法により「容易に錯誤取消が認められる」と思われるかも知れません。

＊1　旧法95条のように錯誤の効果を「無効」とするのは，詐欺の効果である「取消」との間でバランスを欠きます。

　　　すなわち，「取消」は，「取り消されるまでは契約は有効」です。また，詐欺を知った時から「5年間で取消権が消滅する」旨が規定されています（民法126条）。これに対し，「無効」の場合は「当初から永続的に効力がない」ことになるので効果は絶大です。

　　　そうすると，「だまされた者より，思い違いをした者を，より保護する」ことになり，バランスを欠くことになりかねません。

　　　そこで，新法95条1項は，錯誤について，詐欺と同様に「取消ができる」旨の規定に改めました。どちらも，意思表示をした者を保護する規定ですから，同じ取消という効果で良いと思われます。

＊2　ただし，これまでの判例は，動機が「法律行為の内容」になったことを錯誤の要件としています。しかし，契約などの法律行為の内容になることを要求した場合は，「錯誤を問題とする余地がないのではないか」などの疑問があり，この要件は新法では採用されませんでした。

■ 錯誤の難しさ ■

　この新法の錯誤規定により容易に保証契約の取消が認められるかというと，実はそうではありません。

　と言いますのも，錯誤つまり「思い違い」があっただけで契約の取消が認められるというのは，やはり事案全体から見て，よほどのケースである場合に限られるからです。

　すなわち，先ほど述べたように，詐欺ですら容易には成立が認められないのに，「思い違い」をしていたことを理由に取消を簡単に認めたのでは，せっかく結んだ契約が効力を失う場合が多くなり，妥当とは言えません。

　したがって，実際の裁判において，動機の錯誤により契約が効力を失う例は，さほど多くはありませんでした。

　また，新法は，これまでの判例を明文化したに過ぎないので，「今後は容易に錯誤が認められる」とも言えません。

そうすると，保証の場合には，やはり問題が生じます。

実際には，事例のように，借主甲が他から多額の借入があるのにそれを告げず「返済に問題はない」などと述べ，保証人丙がその言葉を信じて保証をし，後で借主甲が破綻して保証人丙が多額の支払いをさせられるースが多いからです。

このようなことから，保証については，詐欺や錯誤という意思表示の一般理論ではなく，「保証の規定における特別な保護策」を設ける必要がありました。

■ 正しい情報提供がされていない場合の保証契約の取消権 ■

そこで，日弁連は，先ほどの意見書で，「保証人となる者に対して，債務者の資力や財産の状況などについて，正しい情報が提供されていない場合は，保証契約を取り消しできる」とすべき旨の提言をしました。

これは，正しい情報を提供させることにより，保証人となろうとする者に「保証リスクを適切に判断してもらう」ことを目的としています。

そこで，これを受けて部会で議論がされ，最終的にはこの提言の趣旨を具体化する方向となりました。

すなわち，新法465条の10は，保証契約を結ぶにあたって，主たる債務者（借主甲）が，保証人となろうとする個人（丙）に対し，次に定める情報を提供しなければならないとしました。

① 主たる債務者（借主甲）の財産及び収入と支出の状況（同条１号）

② 主たる債務（この事例では6000万円の借入）以外に負担している債務の有無，その額及び履行状況（同条２号）

③ 主たる債務の担保として他に提供し，又は提供しようとするものがあるときは，その旨及びその内容（同条３号）

これを事例に当てはめてみると，借主甲は，保証人となろうとする丙に対して，「借主甲の財産や収支」さらには「他にも借入金がある場合は，その借入金の有無，借入額，返済状況」などを，明らかにしなければなりません。

　そうすると，新法のもとでは，借主甲の商売が実際にはうまく行っておらず収支の状況が悪い場合は，そのことを，保証人となろうとする丙に説明しなければなりません。

　また，この事例では，借主甲は，他にも多額の借入金があったのですから，保証人となろうとする丙に対して，その有無のみならず額や返済状況をも明らかにしなければなりません。

　そうすると，丙は，借主甲の収支が悪く，かつ，多額の借入金があることが分かるので，6000万円の借入の保証人となることを断るのが通常と思われます。この情報提供義務を課した新法465条の10は，大きな意味があります。

　では，借主甲が，この義務に反し，自己の収支や借入金の状況について，「全く情報を提供しなかった場合」は，どうなるのでしょうか。

　このような場合，「収支や他からの借入」などについて真実を知らないまま保証契約を締結して保証人となった丙が，借主甲の破産に伴って，その債務全額について支払義務を負うことになり，保証被害を受けます。このような被害を防ぐことができなければ，借主甲に「情報を提供する義務」を課した意味がありません。

　そこで，新法465条の10第2項は，「債務者（借主甲）が，自らの財産や収支あるいは他からの借入の状況などについて説明をしなかったことによって，保証人（丙）が誤認をして保証契約をしたとき」には，一定の場合に保証契約を取り消すことができるとしました。

　その一定の場合とは，「借主甲の財産・収支や他からの借入金な

どについての説明がなかったことにより保証したことを，債権者（貸主乙）が知り又は知ることができた」場合を言います。

　すなわち，この規定は，債権者（貸主乙）が，そのような点を「知り，または知ることができた」場合に，保証人丙を保護するために，保証契約の取消を認めたものです。このような取消が認められれば，保証被害を防ぐことができます。

　もっとも，債権者が，これらの説明がされなかったために保証がされたことを「知ることができなかった」場合には，取消権が認められません。

　これは，債権者（貸主）の利益とのバランスを図りながらも，保証人をできる限り保護しようとする絶妙な工夫です。

　さらに，同条は，債務者（借主甲）が，他に多額の借入金があるのに「他に借り入れはない」などと述べるなど，事実と異なる説明をしたことにより，保証人（丙）が誤認して保証契約を締結した場合に，そのことを「債権者（貸主乙）が知り，または知ることができた」ときにも，保証契約の取消が認められるとしています。これも，誤った情報提供がされた場合に保証人を保護する趣旨です。

■ 債権者（貸主）が立ち会わなかった場合はどうか？ ■

　この事例では，貸主乙（担当者）が，借主甲と一緒に丙に会っていますので，「甲の他からの借入金などについて，借主甲が保証人丙に対して何ら説明しなかった」ことを知ることができたと言えます。

　なぜなら，この事例では，貸主乙が金銭貸付を事業として行っているところ，このような貸し付けのプロは，「他に多額の借入金がある」ことについて，借主甲に決算書を提出させるなどして事実関係を把握しているのが通常ですから，その点について説明していないことを知ることができるからです。

では，貸主乙（担当者）が，借主甲の説明の場に立ち会わなかった場合はどうでしょうか。この場合，貸主乙が立ち会っていないことから，借主甲が保証人丙に対して説明義務を尽くさなかったことを「知ることができなかった」と主張することが考えられます。

　しかし，このような貸主乙の主張も，通常は認められないと考えます。

　と言うのも，この保証契約の取消権が実際に行使されるのは，保証人丙が裁判などで責任追及を受ける場合です。その際に，保証人丙が「借主甲の他からの借入について，説明を受けていない」と主張する訳ですが，そうすると，理論的にはともかく，実際には，貸主乙において「借主甲が，保証人丙に対して，他からの借入金などについて説明をした」ことを立証しなければなりません。

　つまり，保証人が「説明がなかった」と争った場合は，「説明があった」ことを主張する側が，実際には，それを「証明」する他はないのです（なお，「事実と異なる情報提供があった」ことは，保証人側で立証しなければなりませんので，注意が必要です）。

　そうすると，その説明の際に，貸主乙が同席して記録を残しておかなければ，後にトラブルが生じた時に，それを証明するのは通常は困難と思われます。

　もちろん，貸主乙が，借主甲を証人として裁判所に呼び出して，その当時の説明状況について証言をしてもらうことは可能です。しかし，もともと借主甲と保証人丙との間には強い人間関係があり，借主甲が，貸主乙に積極的に協力するとは思えません。

　このようなことから，新法のもとでは，実際には，貸主乙が，借主甲の保証人丙に対する説明に立ち会い，その場で，「保証人丙が情報提供を受けたこと」や「その内容」などを文書で確認しておくことが必要となるのです。

　したがって，貸主乙が説明の場に立ち会わず，かつ，文書などで

その場で保証人丙から確認を取らなかった場合は，貸主甲が保証人
丙の責任追及をすることが困難となるのです。

　それ故，今後は，財産・収支・他からの借り入れなどの情報が提
供されなかったり，あるいは誤った情報が提供されたことにより，
保証契約を交した場合，旧法下と異なり，保証契約が効力を失うこ
ととなる可能性が高いと思われます。

　もっとも，このような新法への対策として，「実際には情報が提
供されず」または「誤った情報が提供されている」のに，貸主が保
証人に対し「借主から正しく情報提供を受けました。万一，これが
事実と異った場合は，何ら異議を述べません」などと記載した文書
にサインを求めることも想定されます。しかし，このような文書は，
事実と異なり，正しい情報提供があったかのように装うものであり，
本条の趣旨に反するので無効と思われます。

■補足その1　保証契約締結後の情報提供義務について■

　では，保証契約締結の際に，借主の財産や収支などについて保証
人に対して正しい情報提供がされた場合には，保証人は，その後は
何らの保護も受けないことになるでしょうか。

　これについては，主として2つの点が問題となります。

①　借主の債務の履行状況についての情報提供義務

　　まず，旧法のもとでは，借主がどの程度の債務返済をしてい
　るかについて，保証人には何ら情報が提供されませんでした。
　これは，借主がどの程度の返済をしているかは企業秘密やプラ
　イバシーの問題として第三者である保証人には明らかにされな
　かったためです。

　　しかし，たとえば借入金の額がさほど大きくなく，かつ，保
　証人に十分な資力がある場合には，保証人が「借主の返済が
　滞って遅延損害金が発生する前に，全額返済をしてしまった方

が良い」と考えるケースがあります。

　そこで，新法は，借主の委託を受けて保証人になった者は，貸主に対し，「借主の返済状況について，情報を提供するよう請求できる」旨を定めました（新法458条の2）。

　これにより，保証人は，その請求時点での残元本額のみならず，利息や遅延損害金が発生している場合はその額をも知ることができます。

② 借主が「期限の利益」を失った場合における情報提供義務

　次に，新法は「期限の利益」に関する情報提供義務についても規定しています。

　ここで，「期限の利益」とは，たとえば，借入金の返済期限が定められている場合は，「債務者において，その期限までは返済する必要がないという利益」を意味します。

　そして，金銭の貸付契約には，しばしば「2回分以上の分割返済金の支払を怠ると，借主は期限の利益を失い，残額を一括して支払わなければならない」などの「期限の利益を失わせる条項」が定められています。このような期限の利益喪失の場合には，借主は，残元本額や利息ばかりか，その翌日以降の遅延損害金なども一括して返済すべき旨が定められている例がほとんどです。

　ところが，旧法においては，借主が分割返済金の支払を怠るなどして「期限の利益を喪失した場合」に，保証人に対してその旨の連絡がなく，長期間経過後に突如として貸主から「借主がすでに期限の利益を失っている」旨の通知が来る場合がありました。

　そうすると，その通知の時点では，遅延損害金が雪だるま式に増えている場合も散見されました。

　そこで，新法458条の3は，借主が期限の利益を喪失した場

合は，貸主は保証人に対し，その利益の喪失を知った時から
２ヶ月以内に，その旨を通知しなければならないとしました
（新法458条の３第１項）。

　これにより，保証人は，借主の期限の利益喪失を，その時か
ら２ヶ月以内に知ることができます。

　問題は，貸主が２ヶ月以上経ってからこの通知をした場合で
す。その場合は，貸主は保証人に対し，「期限の利益を喪失し
た時からその旨の通知をした時までに発生した遅延損害金」を
請求できないこととなりました（新法458条の３第２項）。

　これにより，借主が期限の利益を喪失したにも関わらず，貸
主が保証人に何らの連絡もせず長期間放置した場合は，その間
の遅延損害金を保証人に請求できないことになりますので，保
証人にとって有利と言えます。

■ 補足その２　個人保証人の責任を限定する方策について ■

　さらに，フランスでは，個人保証人の「責任それ自体を限定す
る」ために，比例原則という考え方が導入されています。

　この原則は，「保証人の資力に比較して，個人保証人が負うべき
こととなった実際の債務額が過大である場合は，その過大な部分の
責任を負わせてはならない」という原則です。

　このような原則があることにより，個人保証人は，自己の資力の
範囲内でしか責任を負わないでよいことになり，破産などをする必
要がなくなります。

　日本においても，このような比例原則を民法に導入するなどして，
保証人の責任を限定する必要があると思います（日弁連保証意見2,
11頁以下）が，今回の改正では，技術的に難しい点があることから
導入は見送られました。

　今後は，この比例原則について，技術的な詰めを行い，早急に導

入する必要があると思います（詳しくは，日弁連編「実務解説　改正
債権法〔第2版〕」（弘文堂）の巻末にある「改正から除外された重要論
点」をご覧下さい」。

　なお，新法がいつ，どのように適用されるかについては，第6章
と同じですので，そこで詳しく述べます。

■ この章のまとめ ■

・今後は，「事業のための借入金債務」を保証するなどの場合
　に，主たる債務者（借主）は，保証人予定者に対し，自らの
　財産・収支・他からの借入金などについて，正しい情報を提
　供する義務があります。

・この情報提供義務に反したことによって保証契約がされた場
　合で，かつ，そのことを債権者（貸主）が知り，または知る
　ことができたときは，保証人は，保証契約を取り消すことが
　できます。

・とくに，貸金のプロが債権者（貸主）の場合は，この情報提
　供義務に反したために保証がされたときは，保証の取消が認
　められる可能性が高いと言えます。

・そのため，債権者（貸主）は，債務者（借主）が情報提供す
　る現場に立ち会って，正しい情報提供がされているか否かを
　確認する必要が生じます。正しい情報提供がされない場合は，
　保証契約を結ぶべきではありません。

第6章 個人による根保証についての 規制強化

■ 根保証は，特に危険な契約 ■

　根保証（ねほしょう）は，銀行などから事業資金を借りる際の保証において，良く見られます。

　すなわち，継続的な銀行取引として「事業者が，一定の期間内に，一定の範囲内で，銀行から金銭を借りたり返したりを繰り返す」場合があります。このうち，「一定の範囲に属する不特定の債務」を主たる債務とする保証契約を，根保証契約と言います。

　とりわけ，金銭借入の根保証契約の場合は，借主がいったんは借入金の全額を返済しても，その後も新規の借り入れをするなどした場合は，保証責任を負い続けることになります。のみならず，かつては包括根保証と言って，「責任期間の制限がない」もの，あるいは「責任の限度額（極度額と言います）がないもの」もありました。そうすると，根保証人は無期限あるいは無制限に保証責任を負うことになるので，あまりに過酷でした。そこで，2004(平成16)年の民法改正により，根保証人の責任を限定しました。

　具体的には，借入金などの債務の根保証（貸金等根保証と言います）については，保証期間は最大で5年となり（特に定めがない場合は3年間となります），かつ，「極度額を定めなければ保証契約が無効となる」とされました。

　しかし，旧法では，このような根保証の責任制限は，貸金等根保証に限られていました。

　そのため，それ以外の根保証においては，依然として責任が重く

なりすぎるとの批判があり，かねてから「貸金等根保証以外の場合も，同様の制限をするべきである」と指摘されてきました。

■ 不動産賃貸借契約における根保証の規制について ■

そこで，一般の根保証の問題点について，事例を挙げて説明します。

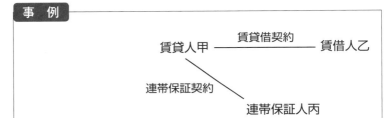

事 例

賃貸人甲 ——————賃貸借契約—————— 賃借人乙

連帯保証契約

連帯保証人丙

　甲は乙に対し，甲所有のアパートの部屋を，1ヶ月の賃料を15万円で賃貸することとなり，甲乙間で賃貸借契約が成立しました。

　その際，甲が乙に対し「連帯保証人を誰か立てて下さい」と求めたので，乙は親戚の丙に連帯保証人を依頼し，丙がこれを承諾して賃貸借契約書に連帯保証人として署名捺印しました。

　ところが，その後まもなくして乙が家賃を滞納するようになり，甲が滞納家賃を支払うよう請求しましたが，乙はこれに応じませんでした。

　そのため，滞納家賃が2年分となったので，甲が保証人丙に対し，滞納家賃全額の360万円を，乙に代わって支払うよう請求して来ました。

　丙は，これに応じなければならないですか？

この甲・乙間の建物賃貸借契約により，乙は建物の賃料を継続し

て支払う義務を負います。また，乙は，建物明け渡しの際には原状
回復義務を負い，失火など自らの過失によって建物に損傷を与えた
場合は損害賠償義務も負います。

　その意味で，乙の賃借人としての債務は，賃貸借契約のときに特
定されたものとは言えません。

　それ故，この「賃借人の債務の保証」は，賃貸借契約という一定
の範囲に属する取引から生じる不特定の債務を保証することになり，
根保証に該当します。

　ところが，旧法においては，貸金等根保証以外の根保証について
は，何らの制限がなく，「不動産賃借人の債務の根保証」の場合も，
保証人の責任は限定されていませんでした。

　そうすると，この事例のように，賃借人が長年に渡って賃料を支
払わなかったために「延滞賃料が多額」となったときに，根保証人
も同様の責任を負わされることになります。さらに，賃借人が建物
を明け渡したときも，根保証人は原状回復費用の支払義務を負うな
ど，その責任は過酷となるおそれがあります。このように賃貸借と
いう一定の範囲内から生じる債務の保証ではあるものの，主債務が
実際に発生するのかが分からず，またはその金額が分らない場合は，
根保証に当ります（Q&A 保証実務 77 頁以下）。

　そこで，新法 465 条の 2 は，貸金等根保証に限らず，「すべての
根保証について極度額を定めなければならない」として根保証人を
保護しました。

　これに反すれば，保証契約が無効となります。したがって，この
事例の場合にも，甲が丙に連帯保証をさせる際に，保証人が責任を
負う極度額を契約書で定めなかったときは，保証契約自体が無効に
なります。

　そして，たとえば「極度額が 100 万円」と定められたときは，丙
は，延滞賃料支払の債務など「賃借人が負う全ての債務」について，

あくまで100万円の範囲内でしか保証責任を負いません。

■ 極度額自体に制限はあるか？ ■

ただし，具体的に極度額をいくらにするかは，甲と丙との間の合意によって定めることになるので，この金額が大きければ丙にとっては不利益となります。

この点，極度額自体の上限を法律で定めることができれば，より保証人を保護することができます。

しかし，残念ながら，この点は簡単には実現できません。

なぜなら，根保証は，銀行取引や賃貸借の保証のみならず，継続的な取引の場合に広く行われており，すべての取引について「一律に極度額を定める」ことが難しいからです。実際に，旧法においても，極度額自体の制限はされていませんでした。

ただし，余りに極度額が過大な場合は，具体的な状況によっては「暴利行為」として無効となることがあります。

すなわち，判例は，暴利行為を，「他人の窮迫，軽率又は無経験を利用し，著しく過当な利益を獲得することを目的とする法律行為」であると定義し，これを公序良俗（旧法90条）に反して無効であるとしています。

今回の改正においても，この判例ルールを明文化することが検討されました（中間試案補足2頁）が，経済界の反対により見送られました（＊）。

しかし，暴利行為自体は，新法においても90条の解釈として認められますので，判例の要件に該当するときは，これを主張することが可能です。そうすると，極度額自体があまりに過大であり暴利行為に該当するときは，根保証契約が無効となります。

＊　今回は，経済界の反対により暴利行為を明文化できませんでした

が，判例が認めている以上は，将来の再改正においては，これを規定して分かりやすくするべきです（巻末の参議院及び衆議院の各附帯決議一参照）。

■ 元本の確定事由について ■

また，旧法は，貸金等根保証に限って，「一定の事由が生じた場合に，根保証における主たる債務の元本が確定する」としていました。

これは，たとえば，貸金等債務の主たる債務者（借主）が死亡し，または破産手続開始決定を受けた場合には，その時点で根保証の元本が確定するものとし，それ以後に発生する債務については，保証責任の対象外とするものです。これによって，根保証人の責任を制限できます。

この一定の事由を確定事由と言いますが，今回の改正においては，貸金等根保証に限らず，根保証一般について，確定事由の制度を幅広く導入することも検討されました。

しかし，これについては，不動産賃貸人側からの反対意見が強かったため，「一部の事由について根保証一般に拡大する」ことで妥協が図られました。

すなわち，新法465条の4第1項は，以下の点を根保証一般の確定事由としました（ただし③は旧法と同じ）。

① 　保証人の財産について強制執行などの申立がされたこと（1号）

② 　保証人が破産手続開始の決定を受けたこと（2号）

③ 　主たる債務者又は保証人が死亡したこと（3号）

そうすると，この賃貸借の事例において，賃借人乙が死亡した場合は，根保証における主たる債務の元本が確定し，その後に発生した債務について，根保証人丙は責任を負わないことになります。

また，保証人丙の財産について強制執行の申立がされ，あるいは
保証人丙が破産手続開始の決定を受けた場合も，同様に根保証の元
本が確定します。

　これらにより，根保証人の責任が制限される方向となりました。

　ただし，「賃借入乙に対する強制執行がされた場合」や，「賃借人
乙が破産手続開始の決定を受けた場合」は，元本が確定しませんの
で，注意が必要です。これは，賃貸借においては，賃借入が強制執
行などを受けあるいは破産したからと言っても，賃貸人がこれらを
理由に賃貸借契約を解除することができないからです。つまり，そ
れ以降も賃料などが発生するので，この場合にも元本が確定してし
まうと，貸主甲に著しく不利益と考えられたことから，元本は確定
しないとされました。

■ 元本の確定期日について ■

　ところで，旧法は，貸金等根保証に限って，主たる債務の元本の
確定期日が最大で5年であると規定し，根保証人の責任の期間を制
限しました（新法でも貸金等根保証については維持されています）。

　このような期間の制限があることにより，貸金等根保証について
の保証人の責任は最大でも5年間ということになり，根保証人が保
護されます。

　そこで，今回の改正において，この確定期日の制限についても，
貸金等根保証に限らず，根保証契約一般に拡大することが検討され
ました。

　しかし，この点は，不動産の賃貸人側からの反対が強かったため，
見送りとなりました。その理由は，不動産賃貸借においては，5年
以上に渡って賃貸借契約が続くことが多く，その場合に「根保証人
の責任が5年で制限されるのでは，保証を付けた意味がない」とい
う点にありました。

この点の再改正は将来の課題となりました。

■ その他の継続的な契約と根保証 ■

また，事業者間では，継続的な売買契約などの「継続的取引」が行われることもあります。

この場合に，買主の代表者が，取引代金の支払について個人保証する例などが見られます。この個人保証も，代金支払債務のみならず損害賠償債務についても責任を負うのが通常であり，不特定の債務について保証するものとして，根保証に当たります。

したがって，この継続的取引における個人保証についても，新法465条の2により極度額を定める必要があります。

なお，この保証は「事業のために負担する債務の保証」ですので，新法465条の10の情報提供義務の規定も適用されます。この点，「継続的売買における買主の債務」の保証を委託する場合は，主たる債務者である買主は，自己の財産・収支・他からの借入等について，保証人に情報提供しなければなりません。ただし，買主（法人）の代表者が保証する場合は，代表者が買主の財産等の状況を熟知しているので，情報提供義務は問題になりません。第三者が保証人になる場合に情報提供をしなければならないのです。

さらに，雇用契約の際に，従業員の親族などから身元保証をしてもらう例も散見されます。この場合も，従業員の労務の不履行その他によって生じる損害賠償債務など，不特定の債務を保証させることになるので，やはり根保証であり，同様に極度額の定めが必要です。

その他，介護施設の利用契約における利用者の債務（利用料支払債務や損害賠償債務）の保証や，医療契約における患者の債務（医療費支払債務や損害賠償債務）の保証なども，通常は根保証に当たりますので，同じく極度額の定めが必要です。

これらの根保証において，極度額の定めがない場合は，保証自体が無効となりますので，保証人が保護されます。

■保証の新法（根保証の規制拡大と情報提供義務など）の経過措置について ■

　第4章で述べたとおり，新法は，2020年4月1日以後に締結される保証契約に適用されます。ただし，単発の保証契約であれば，新法が適用される時期は明確ですが，旧法下で締結された継続的契約に関する保証については，注意すべき点があります。

　以下では，継続的契約の一種である賃貸借契約を例に挙げて述べます（それ以外の継続的契約については，第8章以下で述べます）。

　この点，賃貸借契約については，通常は契約期間（「契約締結日から○年間有効」などの文言）が定められており，それが施行日以後に更新された場合，果たしてその後の保証について新法の効力が及ぶか否かが問題となります。

　まず，その前提として，賃貸借契約が施行日以後に合意で更新（黙示の更新も含みます）された場合は，更新後の賃貸借契約には，当然ながら新法が適用されます。合意で更新している以上は，「新法が適用されることを予定して，新たに賃貸借契約を締結した」と解されるからです（附則34条1項参照）。

　では，賃貸借契約に自動更新条項があり，施行日以後に自動更新された場合は，新法が適用されるでしょうか。この点，自動更新条項は，「契約期間満了前に，契約当事者のいずれかから異議が出ない場合は，契約は自動的に更新される」とするものであり，積極的に更新合意をしたものではありません。しかし，それでも異議を述べなかったということにより，当事者の意思で更新したと評価されますので，施行日以後に自動更新された賃貸借契約にも，新法が適用されます（一問一答383頁注1）。このように考えるのは，やや技

巧的ですが，賃貸借に関する新法には，第10章で述べるとおり，賃借人を保護する規定が新設されており，できる限り新法を適用するのが妥当と考えられます。

　もっとも，「建物所有目的での土地賃貸借契約」や建物賃貸借契約においては，法定更新という制度があります（借地借家法26条）。これは，「賃貸人が更新を拒否しても，法律上更新が強制される」ものです。更新を強制することにより，契約期間満了後も，賃借人が土地や建物を引き続き利用できることとなるので，居住や商売が安定してでき，賃借人保護になるのです。この法定更新が，施行日以後にされた場合は，新たな契約がされたとは評価できませんので，更新後の賃貸借契約には旧法が適用されることになります（ただし，異論があります）。

　なお，契約期間満了後に，賃借人がそのまま賃借を続けている場合は，それが法定更新（旧法適用）によるものか，黙示の更新（新法適用）によるものかが区別しにくい場合がありますが，実際に争いがあれば，裁判所の事実認定の問題になると思われます。

　また，労働契約法19条に基づく労働契約の更新の場合も，更新が強制されますので，同様に旧法が適用されると解されます（以上については，一問一答383〜384頁）。

　問題は，賃貸借契約が合意または自動で更新され，この契約に新法が適用された場合に，旧法下でされた「賃借人の債務についての保証契約」には，新・旧法のいずれが適用されるかです。

　この点，一方で，旧法下でこれらの保証契約をしているので，更新後に新たに保証契約をしたとは解されないとして，全面的に旧法を適用すべきであるとする意見があります。他方で，新法が，これまで述べたように保証人保護を強化しているので，できる限り新法を適用すべきであるという意見もあります。ただし，この後者の意見の場合，保証契約は書面でしなければ無効です（民法446条2項）

ので，結局のところ，「旧法下の保証契約の効力は，更新後の賃借人の債務には及ばない」と解することとし，新法下での更新時に新たに保証契約をする必要があると解することになります。

いずれの考え方が妥当かですが，私は，保証人保護の見地から，基本的には後者の考え方に賛成したいと思います。ただし，この立場に立っても，旧法下でされた保証契約において，「どのように更新がされても，あくまでも賃借人の債務を保証する」旨が明示されていた場合は，更新後の賃借人の債務についても，保証の効力が及ぶと解さざるを得ません。契約自由の原則がある以上は，保証人のそのような明示の意思を無視することはできないからです。

しかし，そのような保証人の意思が明示されていない場合は，保証の効力は更新後の賃借人の債務には及ばないと解するのが妥当と考えます。

もっとも，賃貸借における保証については，「特段の合意がなくても，更新後の賃借人の債務に当然に効力が及ぶ」とする判例があります（一問一答 384 頁注 2）。

しかし，その判例は，「反対の趣旨をうかがわせる特段の事情がない限り」保証の効力が及ぶとしたものであり，やはり保証人の意思がどうであるかを問題にしています。したがって，判例の立場に立っても，常に「更新後の賃借人の債務に保証の効力が及ぶ」とすることは無理があります。

むしろ，保証人の責任が過大となったケースなどでは，裁判において「保証の効力は，更新後の賃借人の債務には及ばない」とされる可能性があります。

いずれにせよ，新法下での更新時に，賃借人の債務について新たに保証をする場合は，これが根保証に該当するので，極度額を定めなければ無効となります。また，「事業のための賃貸借」においては，賃借人の財産・収支・他からの借入などについて，保証人に対

し適切な情報提供をしなければならず，これを怠ると保証が取り消
される可能性があります。

　したがって，2020年4月1日以後に，賃貸借契約を合意または
自動更新する場合は，念のため，個人保証についても新法を遵守し
た契約を交わすことを，お勧めします。

■ **この章のまとめ** ■

・賃貸借における賃借人の債務の保証が根保証にあたることか
　ら，契約書で極度額を定めなければ，保証自体が無効になり
　ます。

・継続的な売買契約などの保証や身元引き受けなども，契約書
　で極度額を定めなければ保証が無効となります。

・これらの場合に，債務者（賃借人，継続的売買の買主，被用者
　など）が死亡したり，保証人が死亡あるいは破産したなどの
　一定の場合は，根保証の元本が確定されます。したがって，
　それ以後に発生した債務については，根保証人（ないし根保
　証人の相続人）が責任を負う必要はありません。

第7章 約款ルールの明文化

■約款とは何か？■

すでに述べたように，約款の例としては，生命保険約款や損害保険約款，さらにはコンピューター・ソフトウェアの利用規約などがあります。

すなわち，約款とは「多数の相手方と画一的な内容の契約を交わすことを目的として，予め準備された契約条項の総体」を言います（中間試案補足 365 頁）。

この約款が契約に用いられることは，120 年前の日本では考えられていませんでしたので，約款に関する規定は，旧法には一切ありませんでした。

しかし，その後の大量消費社会の出現に伴い，大量の商品を繰り返し販売したり大量のサービスを頻繁に提供したりする事業者などが，予め画一的な内容の規約集を作り，これを用いて消費者と契約をするようになりました。

これらの事業者にとっては，消費者と契約を交わす際に，いちいち個別に規約集を作成していたのではコストがかかるばかりか，相手方ごとにバラバラな内容になってしまって，顧客管理に支障をきたすからです。

また，消費者側から見ても，商品やソフトウェアなどをすぐに購入したいとか，あるいは旅行の直前に速やかに旅行保険契約を交わしたいなどの需要があります。その場合に，他の者と全く同じ内容の規約集であるならば，あえて内容を確認することなく早期に契約

を締結できる方が便利です。

　そこで，このような事業者が約款を作り，これを用いて契約することが当たり前のように行われるようになりました。現在では，上記の約款のほか，旅行業約款，宿泊約款，運送約款，銀行の預金規定など，多種多様の約款が幅広く用いられています。

　しかも，約款を用いて契約する相手方には，消費者だけではなく，事業者も含まれます。たとえば，個人事業者が，事業のためにホテルの宿泊契約をするときには宿泊約款が適用され，宅急便で荷物の運送を委託するときには運送約款が適用されます。法人の代表者などが「法人」としてこれらの契約をする場合も，同様です。

　ところが，約款取引の相手方となる消費者・事業者（以下，この章では「相手方」と言います。）は，約款の内容をいちいち確認していないのが通常です。

　そうすると，「相手方が約款の内容を十分に認識したうえで契約しているのではない」（「希薄な合意」と言います）ことから，約款には契約の拘束力（第1章参照）が生じないのではないかとの疑問が生じます。

　すなわち，契約の拘束力は，一般には，当事者双方が「契約内容を認識して合意をした」ことから発生するので，「希薄な合意」では拘束力がないとの意見があり得ます。

　しかし，その立場に立つと，多数の相手方と契約を交わす際に，約款の内容を個別に説明してその了解を得て契約する必要が生じるので，大量の物品やサービスの供給が困難となり，現実的とは言えません。また，先ほど述べたように相手方も約款内容を確認することなくスムーズに契約したい場合があります。

　そこで，判例は，火災保険約款のケースについて「保険加入者は，反証のない限り約款の内容による意思で契約をしたものと推定すべきである」と判示しました。これは，約款の社会的有用性を認めて，

「通常は約款により契約したものとする」旨を判示したと思われます。

■ 約款の問題点 ■

確かに，約款は，作成する側の事業者はもちろん，相手方にとっても有用なものです。

しかし，約款は，たとえ相手方がその内容の修正を申し入れても，約款を準備した事業者側が応じないのが通常です。つまり，相手方は，約款を用いた契約については，契約を締結するか否かの自由は有するものの，「約款の内容をどのようなものにするかという選択の自由」を有しません。

そのことから約款には，交渉の余地なく押しつけられてしまうおそれがあるという特徴もあります。

そこで，約款であればどんな内容のものでも，あるいは相手方が約款の存在を知り得ない場合にも，常に相手方に対する拘束力が生じるとすべきか否かが問題となります。

以下，事例を挙げて，検討します。

事 例

宿泊者A ──────── Bホテル

宝石商を営むAが，B会社が経営するホテルに宿泊するためにし，ホテルのフロントで宿泊申込書にサインしました。

そして，Aは，ホテルの従業員（ベルボーイ）に対し，中身が何であるかを告げることなく「バッグ１個を自分の客室まで運ぶ」よう指示し，これを預けました。

ところが，その従業員は，預かったバッグをホテルのロビーに置き忘れたまま５分間に渡って他の用事をしました。

そのために，そのバッグが何者かによって盗まれてしまい，

Aはその中に入れていた宝飾品（時価合計200万円相当）を失いました。

そこで，AがBに対し，損害賠償として200万円を支払うよう請求しました。

これに対し，Bは，ホテルの部屋に備え置いてある宿泊約款に，「宿泊客が当ホテルの従業員に預けた貴重品で，あらかじめ種類及び価額が明確に告げられなかったものについては，どのような理由があっても，当ホテルは15万円までしか損害を賠償しません」と書いてあるので，15万円以上の支払いには応じられないと反論しました。

ところが，Aは，この反論がされるまで，Bの宿泊約款があることを知りませんでした。

この場合に，AのBに対する2000万円の損害賠償請求は認められますか？

この事例は，実際にあった事件をもとにしています。このような宿泊約款は，一般には，「多数の宿泊客との間で，画一的な内容の契約を交わすことを目的として，予め準備された契約条項の総体」と言え，約款に当たります。

ホテル側にとって，この約款が有用であることはもちろんですが，宿泊者にとっても有用です。なぜなら，いちいち個別に宿泊約款の内容の説明を受けて宿泊の契約をしたのでは，フロントで長蛇の列ができ，チェックイン後の観光や仕事などに支障が生じるからです。

さて，A・B間で宿泊に関する契約が成立するのは，通常は，Aがホテルのフロントで宿泊の申込書にサインした時です。（事前にインターネットで申し込みをして宿泊代金をカードで支払ったなどの場合は，ここでは取り上げません）。

しかし，サインした際には，宿泊約款はAには示されておらず，

Aはホテルの部屋に入って始めて備え置かれた宿泊約款を見ることができるのが一般的です。それまでは，約款の内容はもとより，その存在自体もAに告げられていませんでした。

そこで第一に，契約をする際に，その存在があらかじめ告知されていない約款についてまで，相手方に対する拘束力が認められるか否かが問題です。

これまでの判例は，約款に社会的有用性があることから，ともすると存在自体があらかじめ告知されていない約款についても，拘束力を認めて来た傾向があります。

そこで，この点について検討する必要があります。

また，第二に，約款の内容についても問題があります。

すなわち，この事例では，B（ベルボーイ）がAからバッグを預かった段階で，Bはそれを適切に保管する義務を負います。

しかし，Bの側がバッグをロビーに5分間も置き忘れたまま別なことをしており，そのためにバッグを盗まれてしまっています。このようなバッグの放置行為は，Bの保管義務の不履行に当たります。

しかも，このような放置行為は，ホテル業を行うBの重大な過失によるものと言えますので，その損害賠償責任を15万円という低額の範囲でしか負わないとする約款について，そのまま効力を認めて良いかが問題となります。

このように，約款には社会的有用性はあるものの，かねてから重大な問題があると指摘されていました。

そこで，約款ルールを，民事の基本法である民法において明文化して分かりやすくし，かつ，合理的な範囲で規制する必要がありました。

■ 約款ルールの明文化へ ■

このようなことから，今回の改正において，日弁連は，約款ルー

ルの明文化について，保証と並ぶ重要な問題と位置づけて，詳細な意見書を提出しました（日弁連意見書3）。

ところが，約款全体について規定を設けることに対し，経済界が強く反対しました。その理由は，約款を準備して消費者に契約を締結してもらおうとするのは主として大手企業であるところ，「相手方が消費者の場合は，消費者契約法などで規制すれば足りる。事業者の場合は，規制の必要がない。」などと考えたからです。

そのため，約款ルールの明文化については，改正案が取りまとめられる直前まで紛糾しました。

しかし，相手方となる市民・企業の利益を守ろうとする立場からは，これを明文化して，適正な取引が実現できるようにしなければなりません。日弁連は，あくまでその明文化を求めました。

その結果，法制審議会の部会では，「約款のうち典型的なもの」について明文化する案が提示されました。

すなわち，「約款のうち典型的なもの」については，新法では「定型約款」と定義されています。この定型約款についてルールを明文化し，合理的な規制をしようということです。

この点，日弁連としては，「定型約款について明文化する」という妥協をしてでも，賛成することに大きな意味があると考えました。なぜなら，旧法に約款についての規定が全くない以上は，まずは定型約款の明文化をすることで重要な一歩を踏み出し，その条文の趣旨を，それ以外の約款全般に及ぼす方向で解釈することができると考えたからです。

そうすることにより，最終的には約款全体について合理的な規制をすることができると言えます。

■ 定型約款とは？ ■

そこで，新法が言う「定型約款」とは何かが問題です。これにつ

いて新法は，「定型取引において，契約の内容とすることを目的として特定の者により準備された条項の総体」を言うとしています（新法548条の2第1項の二つ目の「かっこ書き」参照）。

そして，定型取引とは「ある特定の者が不特定多数の者を相手方として行う取引であって，その内容の全部又は一部が画一的であることがその双方にとって合理的なもの」を言います（新法548条の2第1項の一つ目の「かっこ書き」参照）。

この定型約款の定義は，ご覧のとおり，一般の方々には非常に分かりにくいので，「分かりやすい民法の実現には，ほど遠い」との批判があります。

しかし，先ほど述べたように，まずは約款のうち典型的な部分についての規定を設けることで，相手方である市民や企業の利益を守る方向での一歩を踏み出す必要があったので，やむを得ないと言えます。

また，「定型取引」とか「定型約款」などの聞き慣れない用語が用いられていますが，これは要するに，以下の要件を充たせば良いとする趣旨に過ぎませんので，現状を大きく変更するものではありません。

①　不特定多数の者との契約の締結を予定して，予め準備された契約条項の総体であること

②　その内容が画一的であることが当事者双方にとって「合理的である」こと，すなわち「通常一般的である」こと

つまり，定型約款とそれ以外の約款の異なる点としては，①についてはほぼ同じであり，②のみが異なる（画一的であることが「当事者双方にとって合理的である」という点が付加された）ものと言えます。

なお，①の「不特定多数」の要件が「相手方の個性に着目した取引を排除する趣旨である」旨の指摘（一問一答243頁）が有力ですが，この文言が，その点を明示したものとは考えにくく，かつ，個性的

かどうかの基準も明らかとは言えませんので，疑問があります。

この②を重視する立場からは，現代の我が国で一般に約款と呼ばれている生命保険約款，損害保険約款，旅行業約款，宿泊約款，運送約款，預金規定，コンピューター・ソフトウェアの利用規約などは，すべて定型約款に当たると言えます（潮見・概要226頁は結論として同じ）。のみならず，画一的であることが「合理的」つまり「通常一般的」であることを要求するので，基本的には，今まで約款とされてきたもののみが，定型約款に該当するとするのが妥当です。

そして，この定型約款に関するルールは，相手方が消費者のみならず事業者であっても等しく適用されます。なぜなら，新法の定型約款の規定には，相手方が「消費者か事業者か」で区別した部分はないからです。

したがって，事例のような宿泊約款についても，これが先ほどの①と②の要件を充たす場合には，定型約款に当たり，相手方が事業者であっても新法の規定が適用されることになります。

■ 定型約款の効力が認められるためには？
──約款の存在の告知と不当条項の規制 ■

では，定型約款の定義に該当する場合には，どのような場合であっても常に効力が認められるとすべきでしょうか。

それについては，大きく分けて2つの問題点があります。

(1)　「定型約款の存在の告知」の問題

すなわち，この事例において，Aがフロントでサインした際に，Bから「宿泊約款の存在を知らされていない場合」は，その約款の効力が認められるでしょうか。

もちろん，本来から言えば定型約款の存在だけでなく，その内容（条項）を示して契約するのが理想的ですが，先ほども述べたように，

それを要求するのは現実的ではありません。

　そこで，新法は，次の①または②のいずれかの要件を充たす場合には，定型約款を利用して契約したものと「みなす」こととしました。逆に言うと，そうでない場合は当事者間では約款の効力が否定されることとなります。

　①　定型約款を契約の内容とする旨の「合意」をしたとき（明示の合意とされます。新法 548 条の 2 第 1 項 1 号）

　　　この事例において，たとえばホテルが，宿泊申込書に予め「当ホテルの宿泊者は，当ホテルの定型約款により宿泊の契約をすることを同意します」という文言を記載し，これを示して宿泊者にサインしてもらう場合などを言います。

　　　つまり，宿泊者が，宿泊約款を利用して契約することについて同意しているので，当然に当事者間でこの約款が適用されるという訳です。

　　　ただし，ホテル側は，宿泊の契約に際して，宿泊約款そのものを宿泊者に示す必要はありません。宿泊者がその開示を請求した場合に，速やかに内容を示すことで足ります（この点は，後述します）。

　②　定型約款を準備した者が，あらかじめその定型約款を契約の内容とする旨を相手方に「表示」していたとき（黙示の合意とされます。同項 2 号）。

　　　この事例においては，たとえばホテルの宿泊申込書に「当ホテルの宿泊については，当ホテルの宿泊約款が適用されます」と記載し，これを示してサインしてもらう場合を言います。

　　　これは，先ほどの①の場合と異なり，宿泊者が「同意する」ことまでは記載されておらず，一方的にこの約款を利用して契約する旨が告知されているに過ぎません。

　　　それでも，宿泊者は，この告知により，宿泊約款の存在を知

ることができ，後に述べるように，ホテルに対して宿泊約款を速やかに示すよう請求できます。そればかりか，不当な約款条項は効力が認められません。

　そこで，新法は，宿泊約款の存在が一方的に告知された場合も，それが不当な条項でない限り，当事者間で効力を有するとした訳です。

　したがって，ホテルの宿泊申込書などに，定型約款の存在について何らの告知がなく，単にホテルの各部屋において「当ホテルの宿泊においては，宿泊約款が適用されます」旨を記載した張り紙などをしたに過ぎない場合は，これらの要件を充たしません。

　なぜなら，定型約款の存在は，少なくとも「あらかじめ」相手方に告知（表示）されている必要がある（同項2号）ところ，宿泊の契約は「宿泊申込書のサイン」のときに成立しており，それ時までに宿泊約款がその契約で用いられる旨を表示しておかなければならないからです。

　このように，定型約款を利用して契約をする場合には，少なくともその契約時までに，その存在を相手方に告知しなければならず，それがなければ定型約款の効力が認められません。

　他にも，スポーツジム，エステティックサロン，マッサージ，ゴルフ場やゴルフ練習所などの施設，あるいは語学教室，介護施設など，不特定多数の者に対して施設・設備やサービスの提供を行う事業者は，「定型約款により利用者と契約をする場合」は，少なくとも②の告知をしなければなりません。

　なお，定型約款のうち，鉄道・バスなどの旅客の運送に関するものなど，公共性が高い一定のものについては，特別法で，その存在の告知（表示）が不要とされ，あらかじめ「公表」するだけで足りることになっています（鉄道営業法18条の2，海上運送法32条の2，

道路運送法 87 条，道路整備特別措置法 55 条の 2 など）。なお，このように公表と表示は意味が違います。

(2) 不当条項の問題

次に，この事例において，Bは，「宿泊客が当ホテルの従業員に預けた貴重品で，あらかじめ種類及び価額が明確に告げられなかったものについては，どのような理由があっても，当ホテルは 15 万円までしか損害賠償をしません」と宿泊約款に記載していました。

そこで，この宿泊約款の存在を事前に告知していた場合には，常に，この約款条項により 15 万円以上の支払いに応じなくて良いかどうかが，問題となります。

この点，Bの側が，Aから預かったバッグをロビーに 5 分間も放置し，その結果バッグを盗まれていますので，すでに述べたようにBに重大な過失があると言えます。

そうすると，そのような重過失による保管義務違反の場合に，「損害賠償責任を 15 万円の範囲でしか負わない」とする約款の効力を認めてよいか疑問が生じます。

これと同様な事案につき，判例は，「ホテル側に故意・重過失がある場合には，この宿泊約款が当事者間で適用されない」旨を判示しました。つまり，この約款条項は，ホテル側に故意・重過失があった場合には，当事者間では効力が否定されるのです。

その理由としては，「故意・重過失がある場合にも損害賠償責任を低額で制限する」旨の約款条項は，「信義則に反して相手方の利益を一方的に害するものであり，衡平の原則に反する」という点があげられています。

そこで，新法は，このような判例ルールを明文化して，分かりやすくしました。

すなわち，新法 548 条の 2 第 2 項は，定型約款において，相手方

の権利を制限するなどの条項であって，信義則に反して相手方の利益を一方的に害するものを「不当条項」とし，その効力を否定しました。

つまり，定型約款は，あらかじめ準備された画一的なものであって，それを利用した契約は「希薄な合意」に過ぎないので，その有効性を認める以上は，その内容が不当なものであってはならないという訳です。

また，不当条項を規制する趣旨は，一般の約款にも及ぼされると言えます（類推適用と言います）。なぜなら，定型約款以外の約款も，あらかじめ準備された画一的なものであり，これを利用した契約が「希薄な合意」であることに変わりがないからです。

この点，旧法には，「不当条項の効力を否定する」旨の規定はなく，このような不当条項が約款の中にあることが後から判明しても，どのように対処して良いか分からない状況でした。このような問題を解決する新法は，相手方である市民・企業の利益を守るという点で重要な制度と言えます。

なお，この事例のように事業者が相手方の場合は，消費者契約法10条の不当条項規制（＊）の適用がないので，新法の不当条項規制による救済しか認められません。その意味で，相手方となる企業には，新法の不当条項規制は大変有意義です。

＊　消費者契約法10条は，消費者の権利を制限する「消費者契約」の条項のうち，信義則に反して消費者の利益を害するものを，不当条項に当たるとして無効としています。これは，「事業者と消費者間の契約」においては，事業者が「情報量や交渉力などで優位に立っている」ことを理由に，不当条項の効力を否定するものです。したがって，新法の定型約款における不当条項規制とは趣旨が異なります。

■ 不意打ち条項は規制されるか？ ■

さらに，不当条項とならんで問題とされるのが，いわゆる不意打ち条項です。

これは，「相手方が，約款に含まれていることを合理的に予測することができない約款条項」を言います（中間試案補足371頁参照）。

たとえば，約款の中に，「甲という商品の購入契約をした場合は，同時に乙という別の種類の商品についての購入契約も当然にしたものとする。なお，乙商品の代金額は甲商品と同額とする。」などの条項がある場合が考えられます。

このような条項は，甲商品のみを注文したつもりの相手方にとっては，別の種類の乙商品の買い取りをもさせられるものであり，不意打ちを与える条項と言えます。

この点，約款の場合は，このような不意打ち条項が定められていても，利用者がこれに気がつかないまま契約する場合があるので，深刻な問題が生じます。

そこで，このような不意打ち条項が定型約款の中にあった場合，その効力が認められるかどうかが問題となります。

この点，改正案の検討段階では，不意打ち条項の効力を否定する旨の規定を正面から設けることが提案されていました（上記中間試案補足参照）。

ところが，経済団体が，不意打ち条項の規制を正面から規定することについて反対し，この点でも約款ルールの明文化が暗礁に乗り上げかねない状況でした。

そのようなことから，結論的には，特に不意打ち条項を直接に規制する旨の規定は，新法には設けられませんでした。

では，新法のもとでは，そのような不意打ち条項の効力が認められることになったかというと，決してそうではありません。

先ほども述べたように，定型約款の規定には，不当条項を排除す

る規定が設けられました。この規定では，「その定型取引の態様及びその実情並びに取引上の社会通念に照らして」，相手方の利益を一方的に害すると認められるものについて，効力が否定されます（新法548条の2第2項）。

そうすると，「乙商品の購入代金の支払義務がある」とする条項も，取引の態様，実情及び取引通念から見て，相手方の利益を一方的に害するものと認められる場合は不当条項に該当し，その効力が否定されます。

つまり，このような場合は，不意打ち条項が，「不当条項として排除される」ということです。したがって，新法のもとでは，不意打ち条項も同様に規制されます。また，この不意打ち条項規制も，定型約款以外の約款に類推適用されます。

■ 補足その1　定型約款の内容の開示 ■

次に，この事例において，宿泊客がサインする際に，ホテルに対して「宿泊約款を見せて欲しい」と請求した場合は，ホテルはどのように対応すべきかが問題となります。

これについて，新法548条の3第1項は，相手方から開示の請求があった場合には「遅滞なく，相当な方法でその定型約款の内容を示さなければならない」と規定しました。

これによれば，「遅滞なく」つまり「速やかに」宿泊約款を開示すれば良いので，たとえば「ホテルの各部屋に宿泊約款が置いてありますので，ご覧下さい」などと回答し，実際にも各部屋に置いてあればよいことになります。

ただし，宿泊客が開示を請求できるのは，宿泊契約の前あるいは宿泊契約の合意後の相当期間内です（相当期間の意味については第2章参照）。

このような開示義務を課すことにより，事業者（ホテル）は，い

つ定型約款の開示請求を受けても良いように，事前に約款を作成しておかなければなりません。そうすると，「事業者が，相手方との契約時には定型約款を備えていなかったにも関わらず，その後に自己に有利な内容の定型約款を作成して相手方に提示し，この定型約款が適用されるなどの不当な主張をする」ことが難しくなりますので，有意義な規定と言えます。

　ところで，宿泊客がホテルに対して宿泊約款の開示を請求したところ，ホテルがこれを拒否した場合には，この宿泊約款の効力が認められるか否かが問題です。

　これについて，新法546条の3第2項は，「契約（宿泊契約など）を結ぶ前」において，相手方（宿泊客）の開示請求を拒んだときは，定型約款の効力が否定されるとしました。

　これに対し，たとえば宿泊客がサインした直後に開示請求し，ホテルが正当な理由なくこれを拒んだ場合は，定型約款の効力が認められるでしょうか。

　これについては，同条2項に特段の定めがないことから，定型約款の効力が認められるとする見解が有力です。この立場では，開示を拒んだことにより相手方に損害が生じた場合は，相手方が賠償請求できるとされています。

　しかし，この考え方ですと，開示を拒んだことによる損害は何かが問題となり，相手方を救済することが難しくなります。

　そこで，事業者（ホテル）が，契約後の相当期間内の開示請求を拒んでおきながら，その後に相手方から訴訟提起などがされた段階で初めて定型約款を開示した場合は，「契約の当時には，定型約款が存在しなかった」という事実上の推定が働くと考えるのが妥当と思います。その契約までに定型約款を備えているのであれば，相手方の事後の開示請求に対して，ホテル側が進んで開示すれば良く，正当な理由なく拒むことは考えられないからです。

■補足その2　インターネット取引と定型約款 ■

　ところで，近時はインターネットによる取引が増えてきました。

　すなわち，インターネットでのソフトウェアのダウンロードを始め，サービスの利用契約などが盛んに行われています。また，インターネット証券や損害保険，生命保険の会社などが増えてきていることは，ご案内のとおりです。今後，ますますこの傾向が拡大すると思われます。

　そして，このようなインターネット取引では，約款が用いられ，かつ，「その約款に同意する」旨のクリックをしないと，画面を先に進めることができず，取引成立が認められないケースが多く見られます。

　そのため，相手方が，約款の内容を読まなかったり，あるいは十分にチェックしないまま，やむなくクリックする場合が多いと思われます。

　そうすると，このようなクリックをした場合に，当然に「約款のすべての条項が適用されて，相手方が異議を述べることができなくなる」とする見方もあります。このような「同意」をした以上は，約款による契約ではなく，「個別の合意をしたことになる」などと考える立場が，その例です。

　しかし，そうではありません。

　すでに述べたように，インターネットで使われている約款も，それが「不特定多数との取引をするための画一的な内容の条項である」場合は，やはり定型約款または少なくとも「それ以外の約款」に当たると解されます。

　したがって，相手方が，たとえ「同意する」をクリックしていても，その条項が不当条項（不意打ち条項も含む）に当たる場合は，新法548条の2第2項により，効力が否定されます。

　今後，インターネット取引がいかに拡大しようとも，約款におけ

る不当条項・不意打ち条項は，あくまで効力が否定されると言えます。

■ 定型約款の変更 ■

最後に，定型約款の変更の問題について，事例を挙げて検討します。

事 例

A社（携帯電話会社）――――――――― B（利用者）

携帯電話会社のA社が，利用者Bとの間で，定型約款を用いて携帯電話利用の契約を結んでいました。

その約款には，「携帯電話料金の請求書（用紙）発行については無料とする」旨の条項がありましたが，同じ約款中に「A社は，利用者の同意を得ることなく，自由に定型約款の内容を変更することができる」旨の条項もありました。

そこで，A社は，請求書発行にかかる経費を節減するため，請求書を電子データで利用者に送ることとし，一方的に定型約款を変更して「請求書（用紙）発行については，一枚当たり200円（税別）を支払うものとする」旨を定め，実際にもB始め利用者全員に対して，有料化した旨を通告しました。

これに対し，B始め利用者側が，このような一方的な定型約款の変更は認められないとして，この手数料の徴収を差し止める旨の訴訟をA社に対して提起しました。

このようなB側の主張は認められますか？

旧法においても，約款の内容を変更したいとする需要はありました。法令が改正されたり，社会情勢が著しく変動して，約款の内容が時代に合わなくなったりすることがあるからです。

そこで,「約款の内容を変更することができるか否か」や,「その要件は何か」が, 旧法のもとでも議論されました。

　しかし, そもそも約款に関する規定がないため, その変更のルールが不透明な状態でした。

　すなわち, これについては, 一方で「約款を一方的に定めている以上は, 変更も自由である」とする意見があり, 他方で「約款の変更についても, 常に相手方の個別の同意が必要である」との意見もありました。

　しかし, これらはいずれも極端な意見であって妥当とは言えません。「約款の作成者が, 自由に変更できる」とすると, 相手方の利益を一方的に害する条項に変更できることとなって不公平ですし,「相手方の同意が常に必要である」とするのも, 相手方が多数である約款の場合は, 現実的ではありません。

　そこで, 新法548条の4第1項は, 以下の要件をすべて充たす場合には, 定型約款の内容を変更することができるとしました。

⑴　相手方の利益に変更する場合 (1号)

⑵　相手方の不利益に変更する場合は, 以下の要件を充たすとき (2号)

　　①　定型約款の変更が, 契約をした目的に反しないこと

　　②　変更の必要性, 相当性その他の変更にかかる事情に照らして変更内容が合理的なものであること

　すなわち, 相手方の不利益に変更するときは, 定型約款の変更が「契約の目的に反せず, 必要性・相当性などの合理性がある」場合のみ許されるのです。

　また, この事例のように「自由に定型約款の変更を行うことができる」旨の条項の存在は, 変更の合理性を基礎づける一つの要素にはなりますが, それがあれば常に自由に変更できる訳ではありません。なぜなら, 同項2号が, 合理性判断の1つの事情として「変更

ができる旨の条項の存在」を挙げているに過ぎないからです。

　なお，このような「必要性・相当性などの合理性」といった要素は，それ自体は決して明確とは言えませんが，一律に変更の基準を規定することも現実には困難ですので，やむを得ないと言えます。

　むしろ，このような要件が定められたのは，「合意なければ拘束なし」の原則があるからであり，この原則に照すと，かなり制限的な要件と解釈すべきであるので，相手方にとって利益と考えます。

　また，その「必要性・相当性などの合理性」は，定型約款を変更する側が立証しなければなりません。

　ただし，実際に，どのような変更がこれらの要件を充たすことになるかは，個別の事案毎に検討せざるを得ませんので，今後の判例の展開に注意する必要があります。

　したがって，この事例についても，いまだ判例が出ていない段階での私見しか述べられません。

　まず，この事例のように，「請求書（用紙）発行については，無料とする」旨の定型約款条項を変更して有料化するのは，「相手方の不利益に変更する」ものです。したがって，上記①と②の要件を充たす必要があります。

　そこで，この場合，変更の必要性・相当性などの合理性を事業者側が立証しなければならないですが，少なくともこの事例の場合は，この立証がかなり難しいと思われます。なぜなら，確かにデータ社会の到来という時代の流れはあるものの，経費節減などは事業者側の都合に過ぎず，それだけで「一方的な変更が相当である」とは言えないからです。

■ 定型約款の経過措置について ■

　第2章で述べたように，新法は2020年4月1日以後に締結された契約に適用されるのが原則ですが，定型約款については，重大な

101

例外が定められています。

　すなわち，附則33条1項は，旧法下で締結された「定型取引」についても新法の定型約款のルールを適用するとしています。この「定型取引」は，新法が初めて採用した概念ですが，その意味するところは，旧法下でされた取引のうち，「不特定多数の者を相手方とする取引であって，その内容が画一的であることが当事者双方にとって合理的なもの」については，新法を適用するということです。

　そうすると，新法の不当条項規制や定型約款の変更などのルールが，4月1日以降は，旧法下でされた「定型取引」にも当然に適用されます。

　なぜ，定型取引について，このような特則が定められたかというと，それは率直に言えば，「定型約款の変更ルールを，既存の約款にも適用したい」とする経済界の要請があったからと思われます。

　この点，既存の約款も，相手方が不特定多数であるため，その変更について個別に相手方の同意を得ることは著しく困難ですし，定型約款の変更は必要性・相当性などの厳しい要件を充たす必要があるので，新法を，さかのぼって適用すること自体に問題はないと思われます。

　注意が必要なのは，附則同項が，「ただし，旧法の規定によって生じた効力を妨げない」と規定している点です。これは，一見すると，「旧法下で有効とされた約款は，たとえ新法の不当条項規制に違反することがあっても，旧法により有効である」とするかのようですが，そうではありません。と言いますのも，もともと新法の不当条項規制は，旧法下の判例を明文化したものであり，判例法上は，旧法下においても不当条項は当事者間では効力が否定されていました。そうすると，そのような旧法下での不当条項が，新法下の裁判において効力を認められることはないと言えます。むしろ，今後は，旧法下の約款の効力も，新法の趣旨に照らして判断されることが多

いと思われますので，新法の不当条項規制の考え方は，旧法下の約款にも及ぼされると思います。

　なお，附則 33 条 2 項は，旧法下の約款取引の相手方が，新法の約款変更ルールなどの適用を受けたくないとして「反対の意思表示」をした場合には，新法が適用されないとしました。

　ただし，この反対の意思表示は，旧法下の約款の規定により相手方が「現に解除できる」場合は，認められません。その解除権行使により，約款取引を終了させることができるからです。ちなみに，この反対の意思表示は，政令により，「2018 年 4 月 1 日から 2020 年 3 月 31 日までの間にしなければならない」とされましたので，ご注意下さい。

■ この章のまとめ ■

・新法により，典型的な約款である定型約款については，不当条項規制が定められました。定型取引の相手方である市民や企業は，今後は，不当条項（不意打ち条項含む）の効力を否定することができます。

・インターネットにおけるコンピューター・ソフトウェアのダウンロードなどにおいて利用規則の適用に「同意」のクリックをしても，不当条項については同様に効力を否定できます。

・この不当条項規制は，定型約款以外の約款にも類推適用されます。したがって，定型約款に当たらないとされた約款であっても，不当条項については，その効力が否定されます。

・ホテル経営者など定型約款を準備した者は，少なくとも契約時までに「定型約款を用いて契約する」旨を相手方に個別に表示しなければなりません。この表示をしなかった場合は，定型約款は当事者間では効力が認められません。

・定型取引の相手方は，上記の契約締結前または契約後の相当
　期間内に，定型約款の内容を開示するよう請求することがで
　きます。定型約款を準備した者が，契約締結前において，こ
　の開示請求を不当に拒んだ場合は，定型約款は当事者間で効
　力が認められません。

第8章 売買に関する新法について

　売買契約は，日常頻繁に行われる取引の代表例です。土地や建売住宅，自動車，宝石，家具などの高額な商品を購入する場合はもちろん，スーパーやコンビニエンスストアなどでの日用品の購入も，売買契約です。

　この売買契約により受け取った商品に不具合があった場合に，買主が売主に対して，どのような権利を有するかが，しばしば問題となります。以下，事例を挙げて，この点に関する新法を解説します。

事例

A（買主）——————— B社（売主）

Xの売買契約

　AがB社から，200万円で中古自動車Xを購入し，代金と引き換えにXの引き渡しを受けました。以下の(1)から(5)については，どうなりますか？

　なお，(1)から(4)において，A・B間の売買契約書には，売主Bの「担保責任」（後ほど説明します）について特に定めがないものとします。

(1)　自動車Xの電動ミラーに，角度の調整ができないという不具合があることが分かりました。

　　しかし，買主Aは，このXが気に入っていたので，無償で修理するよう売主Bに請求しました。

この請求は認められますか？

(2)　この不具合の修理費用が 20 万円かかる場合に，Aが修理に代えて 20 万円の損害賠償請求をしました。この請求は認められますか？

(3)　上記(2)の場合に，修理がされず，損害賠償もされないまま，上記の不具合により電気配線がショートして発火し，Xが燃えて消滅してしまいました。

　　この場合，買主Aは，売主Bに対して，どのような請求をすることができますか？

(4)　買主Aが売主Bに対して，上記の不具合があることを理由に損害賠償請求権などを有する場合，それらの権利はいつまでに行使しなければなりませんか？

(5)　買主Aが会社である場合，Aは「売主Bの担保責任」について，特にどのような点に気をつけなければならないですか？

■ 売主の担保責任とは？ ■

　この事例では，売買の目的物である中古自動車Xの電動ミラーに不具合があります。このような不具合を，旧法では瑕疵（かし）と呼んでいました。

　この「瑕疵」という言葉は，一般には「欠陥」や「キズ」または「不具合」を意味するとされ，判例においては「通常有すべき品質を満たさないこと」を意味するとされていました。

　しかし，この瑕疵という用語は，いかにも古めかしく，国民には分かりにくいものであり，改正の必要がありました。

　また，旧法は，売買の目的物に「隠れた」瑕疵があった場合に限り，買主は損害賠償の請求ができるとしていました（旧法 570 条及

び566条）。この「隠れた」というのは，言葉の意味からすれば「容易に発見することができない」ことを言うはずであるところ，判例は，買主に，「瑕疵を知らないことについて過失がない」ことを意味するとしていました。そうすると，この判例の見解に立てば，買主が瑕疵の調査を怠った場合は，瑕疵を知らなかったことについて過失があるとされ，売主に責任を追及できなくくなるおそれがあり，妥当とは言えませんでした。そこで，この「隠れた」という文言も改める必要がありました。

　なお，旧法は，目的物の瑕疵により買主に損害が生じた場合は，損害賠償請求できるとしていました。さらに，「瑕疵により契約の目的を達成することができない場合」は，買主は契約を解除することができるとしていました（同条）。

　これらの買主の権利が行使された場合は，売主はこれに対応する責任を負いますが，旧法ではこの売主の責任を瑕疵担保（かしたんぽ）責任と呼んでいました。新法では，目的物に不具合などがあった場合の売主の責任を，単に「担保責任」と呼びます。

■ 売主の担保責任の根拠は？ ■

　この旧法下の瑕疵担保責任が生じる根拠・理由をどのように考えるかについて，大きな意見の対立がありました。

① まず，伝統的な見解は，この責任を「法律が定めた特別な責任」であるとし，法律に定めていない権利は行使できないとしました（法定責任説といいます）。

　すなわち，この見解は，中古車などの特定物の売買（第1章参照）においては，「その特定物」を引き渡せば売主の義務履行は終了し，「目的物に瑕疵があったとしても，債務の不履行責任は発生しない」ことを前提としていました。

　そうすると，買主は代金に見合う目的物の引き渡しを受けて

いないのに代金全額を支払うべきことになりますので，不公平
です。そこで，その不均衡を補うために，法律が特別に売主に
瑕疵担保責任を負わせたと考える訳です。

　ところが，旧法では「瑕疵を無償で修理する義務」（修補義
務と言います）を売主に負わせる旨の規定がなかったので，こ
の立場では，売主は瑕疵修補の義務を負わないとしていました
（請負には修補義務に関する規定がありました）。

　また，この立場では，瑕疵により「目的物が消滅して買主が
損害を受けた場合」でも，特定物の引渡がされている以上は，
義務履行が終了していることになります。そうすると，せいぜ
い「買主が瑕疵のない物だと信じたことによって被った損害」
つまり修理費用程度の賠償しか認められないと考えざるを得ま
せんでした（内田・民法Ⅱ126頁参照）。

② 　これに対し，旧法下において，近時では「瑕疵担保責任も，
契約に基づく責任である」とする見解（契約責任説といいます）
が有力となっていました。

　これは，特定物についての売買契約であっても，売主は契約
に従い，「瑕疵のない物を引き渡す」義務があるとする考え方
です。

　この考え方によれば，瑕疵ある物を引き渡した売主は，買主
が修補を請求した場合には，これに応じる義務があることにな
ります。

　また，この立場では，瑕疵ある目的物を引き渡したことは債
務不履行とされるので，瑕疵により目的物が消滅した場合も，
売主は売買代金に相当する額の損害について賠償責任を負いま
す。

では，どちらの考え方が妥当かというと，基本的には②の契約責

任説が妥当と言えます。

　なぜなら，まず事例の⑴のように，買主がその目的物を気に入っているなどの場合は，買主が修補を求めるのが通常であり，このような場合には，売主に修補の義務を負わせるのが妥当であるからです。

　また，事例の⑶のように，引き渡しを受けた目的物が瑕疵のために消滅した場合には，代金相当額の損害賠償請求を認めるのが，公平です。したがって，これを認める②の見解が妥当です。

■ 瑕疵に代わる用語 ■

　そこで，以上の点を踏まえ，新法は次のような規定を設けました。

　まず，瑕疵という分かりにくい用語をやめて，もっと分かりやすい言葉を用いることにしました。

　ただし，分かりやすくとは言っても，「欠陥」や「キズ」あるいは「不具合」という用語を民法で用いるのは，適切とは言えません。なぜなら，売買の目的物に「欠陥」や「キズ」あるいは「不具合」がない場合でも，売主の責任を認めるべき場合があるからです。

　たとえば，売主が，買主に対して，「100馬力の発動機を売却する」旨の契約を結んだ場合に，売主が80馬力しかないもの（ただし，キズや欠陥などがない）を引き渡したときは，発動機自体には不具合はありませんが，売主としての義務や責任を果たしたとは言えないからです。

　同様に，「通常有すべき品質」という用語を使うのも，適切とは言えません。なぜなら，その契約において「80馬力の発動機でも十分に用が足りる」場合には，言葉の意味からすると「通常有すべき品質」を備えていることになりますが，契約書で「100馬力の発動機を引き渡す」と約束した以上は，80馬力で良いとは言えないからです。

そのようなことから，新法では，瑕疵という言葉に代えて「契約の内容に適合しない」（以下，「不適合」と言います）という用語を用いることにしました（新法562条）。

　すなわち，売主は，売買契約の内容にしたがって目的物を引き渡す義務があり，目的物に不適合な部分があれば，売主に債務の不履行責任が生じるとしたのです。

　この不適合という用語により，目的物に欠陥やキズ，不具合がある場合はもちろん，「契約の内容に反する」場合も，すべて売主に責任を生じさせることが可能となります。

　ただし，新法の「契約の内容」というのは，「契約書の文言どおり」ということは意味しません。

　と言うのも，改正の検討の段階では，「契約の内容」ではなく「契約の趣旨」という用語を使うこととされており，それは「契約の文言のみならず契約に関する諸事情を基に，取引通念を考慮して定める」という意味である（中間試案補足89頁，403頁）とされていました。いわば諸事情を総合的に判断して不適合の有無を判断すると言うことです。

　ところが，この「契約の趣旨」という文言を民法で使うことについて，政府内部で意見がまとまらず，最終的に「契約の内容」という文言が採用されました。

　しかし，その意味は「契約の趣旨」と変わらないとされています（部会資料81－3，8頁）ので，「契約の内容」という文言は，「契約の文言のみならず契約の諸事情をもとに取引通念に照らして総合的な判断をする」という意味の言葉と理解すべきです。その点では，瑕疵という言葉が「不適合」に変わっても，その存否について常識的な判断がされる点は変わらないと言えます。

■買主の権利規定の整備について──事例の(1)〜(3)■

そして，新法は，契約責任説の立場から，買主の権利規定を整備しました。

① 修補請求権

まず，新法では，売買の目的物が不適合の場合には，買主は，売主に対して，目的物の修補を請求できます（新法 562 条）。

したがって，事例の(1)の場合も，A は，B に対し，無償での修理を請求することができます。

なお，この修補請求権は，「売買における履行請求権」（完全なものの履行を請求する権利）の一種と言えますので，不適合について売主に帰責事由（第 2 章参照）があることは要求されません。

なお，履行請求権の一種として，他に「代替物（同じ種類・品質である他の物）の引渡請求権」（同条参照）というものがありますが，中古自動車の事例では考えにくいので，詳しくは請負（第 9 章）で述べます。

② 損害賠償請求権

次に，新法では，買主は，売主に対し，債務不履行の一般的な原則（第 2 章参照）に従い，損害賠償請求ができます（新法 564 条及び 415 条）。

つまり，目的物に不適合があることについて売主に帰責事由がある場合は，買主は損害賠償請求ができることになります。

なお，目的物に不適合がある場合に，それを引き渡した売主に「帰責事由がない」ということは，通常は考えられませんので，通常は損害賠償請求が認られます。

したがって，事例(2)の場合，A は，B に対し，修理に代えて，修理費用相当額の 20 万円の賠償請求ができます。この賠償金を得ることにより，「他の信頼できる業者」に依頼して修理が

できるのです。さらに，事例(3)のように，修理や賠償がされないままの状態で，その不具合が原因で自動車が焼失したときは，Aは，Bに対し，少くとも自動車の代金相当額の100万円の賠償請求ができます。これは，「契約内容に適合した物の履行がされたのと同視できる金額での賠償」であり，「てんぽ賠償」といいます。

③　解　除　権

　また，買主は，売主に対し，催告解除の原則（第2章参照）にしたがって契約を解除することができます（新法564条及び541条，542条）。

　すなわち，まず，買主は相当期間を定めて催告の上で，契約を解除することができます。この場合に，売主の帰責事由は必要ありません（詳しくは第2章）。

　この点，旧法においては，「契約の目的を達成することができない場合」に限り，解除が認められましたが，新法では，そのような制限はなく，原則的には相当期間を定めて催告のうえ解除することができます。

　そのことから，事例の(1)において，AがBに対して相当期間を定めて修補を催告したところ，その期間内にBが修補に応じなかった場合は，原則としてAは売買契約を解除できます。

　ただし，不適合部分が「軽微」である場合は，解除が認められません（新法541条ただし書）。そして，軽微と言えるか否かは，契約の文言のみならず契約の諸事情に基づき，取引通念に照らして判断されます（同条ただし書き参照）。そうすると，確かに20万円という電動ミラーの修補費用は「わずかな金額」とは言えません。しかし，売買代金が100万円であって，売買代金との比較からすると，さほど大きな金額とは言えず，かつ，目的物が引き渡された後に不適合が見つかっていますから，修

理によって完全に治る場合は，契約の解除を認めるのは取引通念に照らすと妥当とは言えません。したがって，このようなケースでは解除が否定される場合が多いと思われます。

つまり，軽微の意味は，一般的には「些細」とか「わずか」を意味します（第2章参照）が，不適合による担保責任の場合は，ともかくも目的物が引き渡されているので，多くの場合，売買代金との比較から軽微か否かが判断されると思われます。その意味で，担保責任における解除は，一般の解除に比べ特殊と言えます。

なお，「催告をしても何らの意味がない」場合は，催告をすることなく解除できます（新法542条）。事例の(3)のような場合は，目的物である中古自動車が不適合を原因とする火災により消滅していますので，売買代金に比較しても大きな不適合があったことになり，しかも，もはや催告をする意味がないので，Aは無催告で解除できます。

④　代金減額請求権

新法563条は，買主が「売買代金の減額」を請求できるとしました。

これは，たとえば，事例の(2)の場合において，中古自動車について不適合部分があることから価値が下がったとして，買主が「価値下落分を減額する旨を，一方的に請求できる」ことを意味します（＊）。

ただし，この規定は，売買契約の一部（代金額）について解除により一方的に減額を図る規定ですから，売主と買主が「合意して代金の減額を図る」場合とは異なります。当事者が合意して代金を減額するのは，あくまで契約の一部についての「合意解除」ですので，一方的な請求（一部解除）ではなく，本条の適用はありません。

また，一部とは言え解除であることから，催告解除と同様，
買主が修補の催告をし，相当期間内に売主が修補に応じないこ
とが原則となります。

　このように，新法は，買主の権利についての規定を整備し，買主
の選択により色々な権利行使ができることを認めており，画期的と
言えます。
　ただし，買主の一つの権利行使により法的効果が発生した場合は，
それと相いれない他の権利を行使することができません。たとえば，
不適合部分があったとして中古自動車の修補を売主にさせながら，
修理費用相当額についての損害賠償を請求することはできません。
買主を二重に保護する必要はないからです。

　＊　この代金減額請求権は，単に価値下落分の減額を請求できるもの
　　に過ぎず，せいぜい「修補費用の実費分」程度の減額しか認められ
　　ません。これに対し，修補に代わる損害賠償請求の場合は，修理の
　　実費分のみならず「他の修理業者に修理させた場合の代金相当額
　　（修理業者の報酬が含まれます）」の賠償が認められます。この点に
　　注意する必要があります。

■買主の権利行使ができる期間──事例の(4)■

　さて，上記のとおり買主Aは，売主Bに対して，修補請求権や損
害賠償請求権などを有します。
　それでは，それらの権利行使をいつまでにしなければならないで
しょうか。
　この点，旧法は，買主がその瑕疵を知ったときから「1年以内に
権利行使しなければならない」と規定していました（旧法564条及
び566条3項）。
　この1年という短期の期間制限を設けた理由は，次のような点に

あります。

　すなわち，売買によって引き渡された目的物について長期間経過後に不具合などが生じた場合，果たして「瑕疵が原因である」のか，それとも「買主の使用方法が誤っていた」ためか，はたまた「時間の経過により劣化した」ことが原因であるのかが分からなくなり，無用の紛争が生じるおそれがあるからです。

　そのようなことから，この1年という期間制限は基本的に妥当であり，新法にも受け継がれました（新法566条）。

　ただし，旧法下の判例は，この「権利行使」の意味について，買主側に厳しい判断を示していました。すなわち，買主が損害賠償請求をする場合は，「売主に対し，具体的に瑕疵の内容を示し，それに基づく損害賠償を請求する旨を表明し，かつ，損害額の根拠を示さなければならない」などとしていました。

　しかし，瑕疵によって損害を受けている買主に，瑕疵の詳細な内容（損害額の根拠）を示させるのは，あまりに過剰な要求であって妥当とは言えませんでした。

　そこで，新法566条は，目的物が不適合であることを知ったときから1年以内に，「その不適合を売主に通知する」ことで足りるとしました。

　ここで言う「通知」とは，「不適合を知らせる」というものですから，その不適合の詳細（損害額の根拠など）を示す必要はありません。

　もちろん，単に「修理すべき点がある」などという抽象的な通知では，後日に「意味が不明であり，不適合の通知とは言えない」などの反論が売主からされるおそれがあります。したがって，不適合については，知り得る限り具体的に通知する必要があります（たとえば，事例(1)の場合は「自動車の電動ミラーが動かない」などです）。

　また，通知は口頭でも可能ですが，口頭の場合は，売主から，「1

年以内に通知があった」ことを後日になって争われるおそれがあります。

　そこで，文書それも内容証明郵便によって通知するのが適切です。なぜなら，まず，普通郵便の場合は，売主が「通知が届いた」こと自体を争うおそれがあります。また，単なる書留郵便の場合でも，「不適合を指摘する内容のものではなかった」などと，通知の内容を争ってくるおそれもあるからです。

　なお，近時はＥメールによる通知も多用されており，これについては通知の日時，相手方，その内容などが裁判上でも証明できる例が散見されます。

　ただし，このような１年の期間制限があるのは，「目的物の種類・品質」が不適合の場合に限られます。それ以外の「数量不足」などの場合は，１年間の期間制限はありません。この場合は，一般の消滅時効の規定（通常は５年間　第12章参照）により，権利が消滅します。なぜなら，数量不足などの場合は，不適合が客観的に明らかであり，１年以上経た場合でも無用の紛争が生じるおそれが乏しいからです。

　なお，「目的物の種類・品質」に不適合がある場合でも，売主がその不適合を知り，または知らないことについて重大な過失があるときは，１年以上経過しても買主の権利行使が可能です。不適合があることを知っているなどの売主を，期間制限の制度で保護する必要はないからです（新法566条ただし書）。

　ただし，「引き渡しの当時に，売主が不適合を知っていた」ことまたは「重過失がある」ことは，買主が立証しなければなりませんので，そのハードルが高い点に注意が必要です。

　いずれにしても，新法下でも，この不適合を発見した時は，１年以内に速やかに，売主に対し内容証明郵便などで通知する必要があります。

■買主が会社である場合の注意点──事例の(5)■

以上で述べた内容は，基本的には会社間の売買でも同様です。

すなわち，A社がB社から中古機械などの目的物を購入して引き渡しを受けたが，それに不適合があった場合，A社は，B社に対し，修補請求権，損害賠償請求権などを有します。

ただし，事業者間取引の場合は，次の2点に注意する必要があります。

① 商人間売買の特則

会社が商法上の商人（商法4条）に当たることから，会社間の売買には商法526条の適用があります。

すなわち，まず，商人間売買においては，買主は目的物を受領したときは，速やかに検査しなければなりません。この速やかな検査を怠ったときは，たとえ不適合を知ってから1年以内であっても，これらの権利を行使できません（同条1項）。

また，検査によって目的物が，契約内容に適合しないものであることを発見した場合は，「直ちに，その不適合を通知」しなければなりません。この通知を怠った場合，やはり1年以内であっても上記の権利を行使できません（同条2項前段）。

さらに，目的物に「直ちに発見することができない不適合」があった場合，6ヶ月以内に不適合を発見して通知しなければならないとされています（文言上は，そのように解することについて疑問がないではありませんが，実務ではそのように扱われています）。

そうすると，事例の(5)の場合，A社は目的物を受領して速やかに検査を行い，不適合を発見した場合には直ちに不適合を通知すべきです。また，直ちに発見できない不適合がある場合も，受領から6ヶ月以内に発見して通知すべきことになります。

その結果，買主が目的物について専門的な知識を有していな

い場合には，この特則により思わぬ不利益を受けることがあります。

　たとえば，この事例で，買主が目的物についての専門知識がない場合でも，6ヶ月以内に不適合を発見して通知しなければならず，その期間経過後に初めて不具合を発見した場合は，この商法の規定により損害賠償請求をすることができなくなります。

　特に，買主が，専門的知識が十分ではない中小企業である場合に，このような不利益を受ける例が散見されますので，注意して下さい。

　ただし，これは，民法の問題ではなく，商法の問題であるところ，今回は，この商法の規定については字句の修正がされただけで，内容の修正はされませんでした。

　なお，この商法の規定は，特約により排除することが可能ですので，売買契約書において「この売買には商法526条を適用しない」旨を記載しておけば，そのような不利益を免れることができます。

　ちなみに，売主が，その不適合を知っていたなどの場合は，商法の規定による権利行使の制限はありません（同条3項）。ただし，「売主が，引き渡しの当時に不適合を知っていた」などは，買主が立証しなければなりませんので，そのハードルは高いと言えます。

② 売主の担保責任の免除特約

　A・B間の売買契約書の中に，たとえば「この商品の売買契約において，売主は担保責任を一切負わない」などの特約が定められる場合があります。このような特約を「担保責任の免除特約」と言います。

　この特約は，売主にとって一方的に有利な特約ですが，従来

から民法上は有効とされて来ました（旧法及び新法572条）。な
ぜなら，売買の目的物に不適合があっても，買主が「あえて，
その目的物を買いたい」とした場合は，契約自由の原則により
責任追及ができないとすべきことになるからです（詳しくは第
1章参照）。

　もっとも，買主Aが個人であって，事業以外の目的に使用す
るために目的物を購入した場合は，Aは消費者に当たり，この
売買契約は，消費者Aと事業者Bとの間で成立した「消費者契
約」ということとなります（消費者契約法2条）。

　この場合は，消費者契約法8条1項5号により，売主の担保
責任の免除特約は原則として無効となります。この特則により，
消費者は保護されるのです。

　これに対し，買主Aが会社である場合や，個人事業者であっ
て事業のために目的物を購入した場合は，消費者契約法の適用
がなく，担保責任を全部免除する特約も原則的に有効となりま
す。

　そうすると，事業者である買主は，契約書において売主の担
保責任を免除する特約があるか否かを，チェックする必要があ
ります。

　仮に，そのような特約がある場合は，その売主から商品を購
入することはリスクが大きいと考えなければなりません。その
ような場合は，担保責任の免除特約を付けていない他の売主か
ら，同様の商品を購入するのが無難です。

　ちなみに，不適合があることを，売主Bが「知りながら告げ
なかった」場合は，担保責任は免除されません（新法572条）。
そのような場合まで，売主を保護する必要はないからです。た
だし，その立証は買主Aがしなければなりませんので，ハード
ルが高い点に注意が必要です。

■ 売買に関する経過措置について ■

売買は契約ですから，第2章で述べたように，2020年4月1日以後に締結されたものについて，新法が適用されます。

ただし，売主と買主が「継続的に商品の売買をする」旨の継続的売買契約を結ぶケースが多く見られます。

この場合，売主と買主との間で，売買基本契約が交わされ，その有効期間が定められるとともに，その期間が満了した場合に自動更新などの契約更新がされるケースが散見されます。たとえば，「この基本契約の有効期間は3年とする。ただし，この期間満了前に，当事者のいずれかが異議を述べない場合は，自動的に1年間，同一条件で更新される」などと基本契約書に記載される場合がそうです。

そこで，旧法下で交わされた売買基本契約が，新法下で自動更新された場合は，その契約に新法が適用されるか否かが問題となります。

この点，基本契約が，施行日以後に「合意」で更新（黙示のものも含みます）された場合は，当然に新法が適用されます。合意で更新している以上は，その時に新法下で新たな基本契約を締結したと解されるからです（附則34条1項参照）。

そして，基本契約が施行日以後に「自動」更新された場合も，新法が適用されると思われます。この場合も，第6章で述べたとおり，更新について異議を述べなかった以上は，当事者の意思で更新したと評価されるからです（一問一答383頁注1）。

なお，第6章で述べた法定更新は，賃借人や労働者を保護する特別な制度ですから，売買基本契約始め契約自由の原則が適用される一般の契約では認められません。

次に，この基本契約に基づく売主や買主の債務について，個人保証がされるケースも散見されます。そこで，旧法下で交わされた個人保証契約の効力が，新法下で更新された基本契約に基づく売主や

買主の債務についても及ぶか否かが問題となります。

　この点，第 6 章で述べたとおり，施行日以後は，できる限り新法の適用を認めるのが保証人保護から見て妥当です。それ故，旧法下でされた保証契約の効力は，特段の意思表示がない限り新法下で更新された基本契約上の当事者の債務には及ばないと考えます。

　のみならず，売買基本契約においては，色々な商品の売買が継続して行われる関係で，更新後に「全く違う商品」や「高額の商品」が売買されることもあります。そのような売買における債務の保証においては，通常は，契約期間を超えて，債務の額がどのように高額であっても保証する趣旨とまでは解することができませんので，賃貸借の場合よりもなお一層，保証の効力が及ばないとするのが妥当です。

　したがって，第 6 章で述べたように，旧法下の保証契約において，「どのように更新されても，更新後の債務についても保証する」旨が明示されていない限り，その更新後の債務について保証の効力は及ばず，新たな保証契約を交わさなければならないと考えます。

　そして，継続的売買の当事者の債務の保証が根保証に当たる（第 6 章）ことから，新法下では極度額を定めなければ保証契約が無効となります。また，この基本契約は，「事業のために負担した債務」ですので，その債務の保証においては，保証人に対し，主たる債務者の財産・収支・他からの借入などについて情報提供をしなければなりません。この情報提供を怠れば，保証契約が取り消される可能性があるので，注意が必要です。

■ この章のまとめ ■

・新法では，「瑕疵」という用語が廃止され，「不適合」という
　現代用語に変わりました。

- 引き渡された目的物に不適合があった場合，買主は，売主に対し，修補請求権，損害賠償請求権，解除権などの権利行使をすることができます。
- これらの権利は，買主が「目的物の種類・品質の不適合を知って1年以内に，その不適合を売主に通知」しなければ行使できません。この通知については，内容証明郵便ですることを，お勧めします。
- 会社間での売買では，商法の特則により，不適合を発見した場合は「直ちに通知」しなければなりません。さらに，不適合を容易に発見できない場合でも，引き渡しから6ヶ月以内に不適合を発見して通知しなければなりません。これは，商法の問題ですが，注意が必要です。

第9章 請負に関する新法について

　次に，請負契約について解説します。

　請負契約の代表例としては，建物の建築やリフォーム，機械の製造などの契約があります。さらには，自動車，カバンや靴などの修理，さらにはクリーニングなどの契約も請負契約にあたり，売買契約と同様に日常頻繁に行われています。

　結論から言うと，今回の請負契約に関する改正には，従来から前進した部分もありますが，問題のある部分もありますので，注意が必要です。

　以下，事例を挙げて新法の内容を述べます。

事　例

　　（注文者）甲会社 ——————————（請負人）乙会社

　甲社が乙社に対し，建物を新築するよう注文し，乙がこれを請け負いました。これにより甲・乙間で請負契約が締結され，その後，請負人乙が注文者甲に対し，新築した建物を引き渡しました。

　この場合，以下の(1)から(5)については，どのように考えられますか？

　なお，甲・乙間の請負契約書には，請負人の担保責任について特に定めがないものとします。

　(1)　引き渡された建物の壁紙の表面の一部に，その後ヒビ割れが生じました。

このヒビ割れ部分の修補が可能である場合に，注文者甲
　は，請負人乙に対し，修補を請求することができますか？
(2)　上記(1)の場合に，注文者甲が請負人乙に対し，相当期間
　を定めてヒビ割れ部分の修補をするよう催告しましたが，
　乙がこれに応じませんでした。
　　この場合に，注文者甲は，請負契約を解除することがで
　きますか？
(3)　上記(2)の場合に，注文者甲は，修補に代えて損害賠償を
　請求することができますか？
(4)　注文者甲が，ヒビ割れが生じたことを知ってから１年以
　上経った後に，請負人乙に対して修補請求をしました。
　　この場合，甲の請求は認められますか？
(5)　上記(1)から(4)と異なり，引き渡された建物の基礎に重大
　な欠陥があり，建物の安全性が失われている状態でした。
　　この場合に，注文者甲は，請負人乙に対し，どのような
　請求ができますか？

■ 請負契約とは？ ■

　請負契約は，「仕事の完成」を目的とした契約であり，「財産権の
移転」を目的とした売買契約とは目的が異なります。

　ただし，「制作物供給契約」と言って，たとえばオーダメイドの
洋服を専門店で作る場合のように，「依頼を受けた者が，材料の全
部または主要部分を提供して製作し，その製作したものを依頼者に
引き渡す」という契約があります。これは，洋服を完成させるとい
う面では請負のようですが，これを供給するという面では売買の面
もあり，その区別が困難な場合があるとされています（内田・民法
Ⅱ 274 頁参照）。

　そのようなこともあって，後に述べるように，今回の改正においては「売買と請負の規定をできる限り同じようにする」ことが意図されました。

　確かに，それ自体は，やむを得ない面があります。

　しかし，そのために重要な部分において，分かりにくくなったり，弊害となりかねない点もあります。以下で述べます。

■ 注文者は修補を請求できるか？── 事例の(1)■

　この事例では，引渡後の建物の壁紙にヒビ割れが生じています。

　このようなヒビ割れは，建物の新築という請負契約の内容に適合しません。それ故，このような不適合部分について，注文者が請負人に対し，その修補を請求ができることは当然と思われるでしょう。

　ところが，このような注文者の修補請求権についての規定は，旧法634条にはありましたが，新法の請負の条文にはありません。これは，「請負には，売買の規定を準用することができるから，あえて注文者の権利についての規定を設ける必要がない」とされたからです。

　つまり，新法の562条（売買）に修補請求権の条文があり，これを「売買の規定は，それ以外の有償契約に準用される」（民法559条）という規定により，請負に準用すれば足りると考えたのです。

　しかし，このような準用方式は，国民にとっては明らかに分かりにくいと言わざるを得ません。なぜなら，この準用規定（民法559条）が，請負ではなく「売買の総則」の条文中にあることや，これによって「売買における修補請求権の条文が請負にも準用される」ことは，国民には分からないからです。このような規定の仕方は，「分かりやすい民法を実現する」という改正の目的に反します。

　その結果，新法の請負においては，あたかも修補請求権が認められないかのような誤解をする国民が出てくる危険性すらあります

（＊）。

  ＊ この点，改正案の取りまとめの直前まで，修補請求権の規定を請負の条文中にも置くことが，法制審議会の部会で提案されていました。

    しかし，内閣法制局が反対したためか，そのような規定を置くことができませんでした。このような準用方式は，分かりやすい民法の実現に反しますですので，速やかに再改正をして，請負の規定にも修補請求権を定めるべきです。

■ 補足　代替物の引渡請求と修補による解決 ■

ところで，請負に新法562条の規定が準用されることから，同条が規定する「代替物（代わりの物）の引渡請求」つまり，「同じ種類・品質の物の引渡請求」も認められます。

ここで，建物新築の請負契約における代替物引渡請求とは何かが問題ですが，「同じ種類・品質の物」という以上は，新築建物の請負契約の場合は「建て替え請求」を意味すると思われます。

そこで，事例のように壁紙にヒビ割れが生じた場合に，注文者が請負人に対し，建て替え請求をすることができるか否かが問題となります。

この点，壁紙の表面の一部にヒビ割れがあったに過ぎない場合は，通常は，そのヒビ割れ部分の壁紙を張り替えるか，あるいはそれでは不十分な場合でも，その部屋の壁紙全体を張り替えれば足りると思われます。

そうすると，そのような方法によって完全に修理できる場合にも，注文者の「建て替え請求」が認められるというのは妥当とは言えません。

そこで，このような場合には，逆に請負人が「修補による解決を求めることができる」旨が新法に規定されました。

　すなわち，売買に関する新法562条ただし書は，「売主は，買主に不相当な負担を課するものでないときは，買主が請求した方法と異なる方法による履行の追完をすることができる」と規定しています。この規定は請負に準用されますので，請負人が「建て替えとは異なる方法による履行の追完」すなわち「修補することによる解決」を求めることができる訳です。

　ただし，この「異なる方法による履行の追完」は，請負契約の趣旨に適合するものであることはもちろん，「注文者に不相当な負担を課するものではない」ことが必要です（同条1項ただし書参照）。事案によっては，部分的な補修では注文者に「不相当な負担を課す」と言える場合があり，その場合は，請負人は修補による解決を求めることができません。

■ 注文者の解除権 ── 事例の(2) ■

　さて，事例の(2)の場合，甲が乙に対し，相当期間を定めてヒビ割れ部分の修補をするよう催告しましたが，乙がこれに応じませんでした。この場合に，甲が請負契約を解除することができるかが問題です。

　この点，旧法においては，引き渡された建物に瑕疵があっても請負契約の解除自体が認められていませんでした（635条ただし書き。詳しくは事例(5)で述べます）。

　これに対し，新法では，請負契約についても新法564条及び541条が準用され（民法559条），注文者が相当期間を定めて催告の上で，契約を解除することができます。ただし，不適合部分が「軽微」な場合は解除できません（第2章参照）。

　そこで，建物の新築の請負において，どのような不適合が「軽微」な不適合にあたるかが問題です。

　これについては，事案に応じて個別具体的に判断することになり

ますが，事例(2)の場合は「壁紙の表面の一部にヒビ割れ」があるに過ぎないので，通常は「新築建物の請負契約の解除を認めるほどの不適合」とは言えず「軽微」なものに当たると言えます。

この「軽微」な不適合に当たる場合には，次に述べる「修補に代わる損害賠償」によって金銭解決することになります。

なお，ヒビ割れの原因が，下地ボードの貼り方の不具合による場合は，その下地ボードを張り替えなければならないこともあります。仮に，それが多数生じていた場合は，修補費用がある程度かかることもありますが，修補によって完全に治る場合は売買と同様，解除は認められないと思われます（一問一答281頁注3）。

■ 注文者の修補に代る損害賠償請求権 ── 事例の(3) ■

事例(3)の「修補に代わる損害賠償」とは，「修補がされたのと同視できる金額での賠償」のことを意味します。

この修補に代わる損害賠償により金銭を得ることにより，注文者は，他の信頼できる請負業者に修理をしてもらい，「契約内容に適合した履行がされたと同様の結果」を得ることができるのです。

ところが，新法の請負の規定には，旧法634条2項のような「修補に代えて損害賠償を請求できる」旨の規定がありません。

しかし，改正の検討の経緯から見て，この旧法の規定の考え方は維持されており，注文者は修補に代る損害賠償の請求ができると考えられます（部会資料84-3，16頁以下参照）。

ところが，ここで1つ問題があります。

すなわち，新法415条2項には，「どのような場合に履行に代わる損害賠償請求ができるか」についての原則が規定されています。このうち，同項3号後段は，「債務の不履行による契約の解除権が発生したとき」にこの請求が認められる旨を規定しています。

そうすると，先ほど述べたように，不適合部分が「軽微」である

ときは解除権が発生しないので，同号の規定を反対解釈すれば，あたかも履行に代わる損害賠償（修補に代わる損害賠償もその一種とされています）の請求もできないかのように読めてしまいます。

　しかし，不適合な部分が「軽微」である場合こそ，損害賠償によって金銭解決を図るべきであり，このような場合に賠償請求を否定することは妥当とは言えません（この点の検討が不十分であったことが後から判明しました）。

　そうすると，新法415条2項の1号から3号までの要件は，「単なる例示であって，これに限定されるという趣旨ではない」と考えるのが妥当です。実際にも，この条文は「理論的な整理」をする観点から定められたもので，これ以外の場合の履行に代わる損害賠償を全て否定する趣旨ではないと思われます。

　したがって，事例のヒビ割れ部分が「軽微」な不適合の場合でも，甲が乙に対し，修補に代わる損害賠償を請求できることになります。

　なお，旧法下の実務では，「修補を催告しなくても，直ちに修補に代わる損害賠償請求ができる」と解されていました。これは，引き渡された建物に不適合がある場合は，注文者の請負人に対する信頼が失われている場合があり，それにも関わらず，修補の催告をするよう求めるのは酷と思われる場合があるからです。

　この点も，新法では従来の考え方が維持されており，修補に代わる損害賠償を請求する場合は，「修補を求めて催告する必要はない」とされています（一問一答341頁注2参照）。

■ 注文者の権利行使ができる期間 ── 事例の(4) ■

　さて，注文者が，このような修補請求権，解除権，損害賠償請求権を有するとして，それを行使できるのはいつまでかが問題となります。

　この点，旧法637条1項は，原則として注文者が「目的物の引渡

を受けたときから1年以内」に権利行使しなければならないとしていました。

　ただし，旧法では，木造建物が目的物の場合は「引渡から5年間」，コンクリート造建物が目的物の場合は「引渡から10年間」は，権利行使ができるとされていました（旧法638条1項）。

　そうすると，木造住宅で引き渡しから5年以上経って初めて瑕疵を発見できた場合には，それがいかに重大なものであっても，注文者は権利行使ができず不利益でした。

　そこで，旧法下において，建物の瑕疵担保責任の期間を法律で10年間に延長する特別法が定められました。すなわち，この特別法は，新築住宅の基礎や柱など「建物の構造耐力に関し主要な部分」または「雨水の浸入を防止する部分」（ただし政令で定めたもの）に瑕疵がある場合は，木造であっても引き渡しから10年間は，注文者が権利行使できるとしました（住宅の品質確保の促進等に関する法律。新法の下でもこの特別法が維持されています）。

　これに対し，新法では，売買の規定と同じような規定を請負にも設けました。すなわち，注文者が，不適合を「知った時から1年以内」にその旨を通知しないときは，注文者の権利行使が認められなくなります（新法637条）。

　逆に言えば，新法においては，不適合を知ってから1年以内であれば，たとえ引き渡しから5年以上経っていても，注文者は権利行使ができることになります。

　また，この場合の通知も，売買と同様，「不適合がある旨を知らせる」だけで足りますので，不適合の詳細（損害額の根拠など）を示す必要はありません。

　このように，新法のもとでは，建物に不適合があることを知った場合は，1年以内に請負人に通知しなければなりません。仮に，不適合があることを請負人に電話で伝えたにもかかわらず，請負人が

現場確認をしないとか，または現場確認により不適合があることが
分ったのに修補を提案しないなどの場合は，1年以内にその不適合
を通知することが必要です。この不適合の通知は，売買（第8章）
でも述べたように内容証明などによりする必要があります。不適合
があることを知った時から1年以内に通知しない場合は，権利行使
が認められなくなりますので，要注意です。

■ 建物の請負契約は解除できるか？── 事例の(5) ■

　この事例の(5)では，引き渡された建物の基礎に重大な欠陥があり，
これにより建物の安全性が失われています。このような場合は，
「注文者が請負契約を解除できるのが当然である」というのが，国
民一般の考え方でしょう。

　ところが，旧法635条ただし書は，どのような重大な欠陥があっ
ても，「建物の請負契約は解除できない」としていました。これは，
120年前の民法制定当時においては，建物が社会的・経済的に重要
な財産であり，どのような欠陥があろうとも解除して取り壊すこと
を認めるべきではないとされたからです。これなども，旧法が120
年前の古い内容のものであることを示すものです。

　そのため，判例は，このような重大な欠陥がある場合でも，建物
の請負契約の解除は認めませんでした。ただし，「建て替え費用」
に相当する金額の損害賠償の請求は認めました。

　しかし，建物だけを特別視することは明らかに時代遅れと言えま
す。また，重大な欠陥があって建物の安全性が失われているのに，
これを維持しなければならないというのも著しく不合理です。

　のみならず，判例は，建物の請負契約の解除を否定したものの，
「建て替え費用」相当額の賠償請求を認めているので，実質的には
解除を認めたのと大差ありません。なぜなら，「建て替え費用」相
当額というのは，「一旦取り壊した上で，新たに建物を建てる費

用」に匹敵する金額であることを意味するからです。

そこで，新法は，このような解除を否定する旧法の条文を削除しました。これなども，民法の現代化の典型例です。

したがって，事例の(5)のように，建物の基礎に重大な欠陥があって建物の安全性が確保できない場合は，甲は，請負契約を解除できます。しかも，この場合には，通常は修補が不能と考えられますから催告をする意味がありません。したがって，催告することなく解除できると思われます。

■ 請負に関する経過措置について ■

請負契約についても，2020年4月1日以後に締結されたものに新法が適用されます。

また，元請業者と下請業者との間で，継続的な請負基本契約が交され，その契約期間が満了して契約が更新されることがありますが，その場合の新・旧法の適用決定の基準時については，第8章（売買）のとおりです。

■ この章のまとめ ■

・引き渡された請負の目的物に，種類・品質・数量について不適合がある場合は，注文者は，請負人に対し，修補請求，損害賠償請求などをすることができます。

・その不適合があるときは，目的物が建物であっても，原則として注文者は相当期間を定めて催告の上，請負契約を解除することができます。

ただし，不適合が軽微な場合は解除ができず，損害賠償請求により解決することになります。しかも，目的物引渡後に発見された不適合を理由とする解除については，容易には認

め---られないことがあります。

・注文者は，目的物の種類・品質についての「不適合を知って
1年以内に，その不適合を通知」しなければ，請負人に対し，
責任を追求できなくなります。ただし，新築住宅の構造耐力
などに関する瑕疵ないし不適合については，特別法により引
渡から10年間は，責任を追求できます。もっとも，これは
「住宅」すなわち「居住用建物」に限ります。したがって，
事業用の建物の場合は，不適合を知って1年以内に，必ず通
知をして下さい。

第10章 賃貸借に関する新法について

　賃貸借契約も，土地や建物の賃貸借あるいは駐車場や物の賃貸借など，日常頻繁に行われています。しかも，その賃借物が生活や事業の基盤をなすケースが多く，重要な契約と言えます。

　以下，新法について事例を挙げて解説します。

事　例

Ａ（賃借人）──────────Ｂ社（賃貸人）

賃貸借契約

　Ａが，Ｂ社から建物を賃借し，Ａ・Ｂ間で賃貸借契約が締結されました。

(1)　Ａが居住目的で建物を借りましたが，この賃貸借契約書には，「ＡがＢに対し，敷金として賃料３ヶ月分の金銭を差し入れるものとする」旨の定めがありました。

　　　この敷金は，賃貸借契約が終了してＡが部屋を明け渡した際に，全額が返還されますか？

(2)　上記(1)の場合に，この賃貸借契約書において，「Ａが退去するときには，建物を賃貸借契約の当時の状態に回復（原状回復）するものとする」旨の定めがありました。

　　　Ａが，賃貸借開始から数年後に，転勤のため賃貸借契約を解約して建物を明け渡しました。ところが，ＢがＡに対し，「壁紙や畳，建具を原状回復する費用がかかったので，この費用を敷金から差し引く」旨の通知をして来ました。

Aは，これに対し，どのような主張ができますか？

(3)　Aが事業者であり，かつ，事業のためにBから建物を借りました。その際，Aの賃借人としての債務を担保するために，「保証金」として賃料10ヶ月分の金銭をBに差し入れました。

　　この場合，上記(1)のような返還請求および上記(2)のような原状回復費用については，どのような処理がされますか？

■敷金について──事例の(1)■

　この事例の(1)では，Aが賃料3ヶ月分相当額の敷金をBに差し入れています。この敷金について，旧法には定義や，その返還をめぐる問題についての規定がありませんでした。

　この点，判例は，敷金の定義を，「賃貸借において，賃借人の債務を担保するために，賃借人が賃貸人に差し入れた金銭」であるとしています。

　また，その「賃借人の債務」には，賃料債務のみならず原状回復に関する債務などが含まれるとしています。

　そして，判例は，敷金の返還請求権は，「賃貸借が終了して，賃借人が目的物を返還したときに発生する」とし，賃貸人は，返還の際の賃借人の「未払い債務額を敷金額から差し引くことができる」旨を判示しました。

　しかし，旧法の条文からは，これらのことは分かりませんので，判例の定義・ルールを明文化して分かりやすくする必要がありました。

　そこで，新法622条の2は，敷金について，「賃貸借に基づいて生ずる賃借人の賃貸人に対する……債務を担保する目的で，賃借人

が賃貸人に交付する金銭」と定義し，判例ルールを明文化しました（同条１項括弧書き）。

　また，同条は，敷金は「賃貸借が終了し，かつ，賃貸物の返還を受けたとき」に返却すべきであると規定しました。さらに，その返却すべき金額については「賃貸借に基づいて生じた賃借人の賃貸人に対する……債務の額を控除した残額で足りる」旨を規定しました（同条１項柱書及び１号）。

　そうすると，事例の場合において，賃貸人Bは，賃借人Aの延滞賃料がある場合はその延滞額，原状回復費用，さらには損害賠償債務などがある場合はその賠償額を差し引いて，賃借人Aに残額を返還すれば良いことになります。

■ 原状回復の範囲はどこまでか？──事例の(2) ■

　問題は，賃借人Aによる目的物返還の際に，建物に損傷が生じていたときです。

　この損傷がある場合の対処方法についても，旧法には規定がなく，かつ，これに関する判例には問題がありました。

　すなわち，賃借人が目的物を明け渡した際に，通常の使用によって生じた目的物の損傷（通常損耗と言います）について賃借人が原状回復の義務を負うか否かが，かねてから争われて来ました。

　この点，判例は，「賃借人は，原則として通常損耗について原状回復義務を負わない」としつつ，例外的に「賃借人が，通常損耗についての原状回復義務を負うことを明確に認識して賃貸借契約を締結した事情がある場合」は，この限りでないとしました。

　しかし，そうすると，居住目的で個人が建物を賃借した場合にも，「通常損耗についての原状回復義務を負う旨を明確に認識して契約を締結した」ときは，原状回復をすべきことになり，個人の賃借人には酷と思われます。

また，賃貸人も，通常損耗を想定の上で賃料額を決めることができるので，この居住目的の場合は，一般的には，通常損耗についての原状回復義務はないと考えるのが妥当です。

　そのようなことから，近時の裁判例や実務では，居住目的の賃貸借の場合には，一般的には，「賃借人が通常損耗について原状回復義務を負わない」とする考え方が主流となってきたと思われます。

　そこで，新法621条は，次のような規定を設けました。

　まず，同条は，「通常損耗や経年変化（畳や壁紙の色落ちなど，年月が経つうちに自然に生じた変化）については，賃借人が原状回復義務を負わない」ことを明示しました（同条括弧書き）。

　もっとも，この民法の規定は任意規定（第1章参照）であり，当事者間の特約によって排除できます。ただし，賃貸人が事業者（事業として賃貸を行う者を言い，個人であっても事業者に当る場合があります）であり，かつ，賃借人が消費者である場合は，この特約は消費者の利益を一方的に害する不当条項として，消費者契約法10条によって無効となる可能性が高いと思われます。

　すなわち，新法の下では，「通常損耗や経年変化について，賃借人が原状回復義務を負う」旨の特約を設けること自体はできますが，消費者が事業者から賃借した場合は，その特約が無効になる可能性が高いことになります。

　したがって，事例の(2)では，Aが消費者であり，かつ，Bが事業者ですので，賃貸借契約は消費者契約に該当し，通常の使用や経年変化によって生じた損傷については，賃借人Aに原状回復義務はないと考えます。

　それ故，賃貸人Bが，敷金の中から通常損耗や経年変化についての原状回復の費用を差し引くことはできません。

　なお，通常損耗以外の損傷，たとえばAの「故意または過失により生じた損傷」については，Aが消費者であっても原状回復義務が

生じます。

■ 賃借人が事業者の場合はどうか？──事例の(3) ■

　この事例の(3)では，賃借人Aが事業者であり，建物の賃貸借に際して「保証金」の名目で賃料 10 ヶ月分の金銭を差し入れています。

　まず，この保証金とは，一体何を指すかが問題です。

　すなわち，不動産の賃貸借に際して，賃借人から賃貸人に交付される金銭には，敷金の他に，権利金，保証金など色々な名称のものがあります。このうち，敷金の定義は判例において示されていましたが，保証金や権利金の定義については，旧法でも，色々な説があり，判例でも明確ではありませんでした。

　そのため，新法でも，保証金や権利金については，定義やその他の規定が設けられていません。

　むしろ，新法 622 条の 2 は，賃借人から交付される金銭が，あくまで「賃貸人に対して負う債務を担保する目的」である場合は，「いかなる名目によるかを問わず」，すべて敷金に当たるとしています。

　この事例では，「賃借人の債務を担保する目的」で金銭が交付されているので，保証金という名目であっても法律的には敷金に当たることになります。それ故，賃貸人は，建物明け渡しの際に，賃借人の債務額を差し引いた残額を賃借人に返すことができます。

　これに対し，たとえばあらかじめ「賃借権を自由に譲渡する」ことを賃貸人が認め，その対価として一定の金銭（通常は，かなり高額になります）を交付させた場合は，賃貸人は，この金銭を返還する必要はありません。

　なぜなら，この場合は，いわば賃貸人が「賃借権を相当額で賃借人に売却した」ものと言え，このような売買の対価を返還する必要がないからです（そのような金銭を，しばしば「権利金」と言いますが，

139

権利金にはそれ以外の意味がある場合もあります）。

　なお，建物を明け渡した際の原状回復については，新法621条により，事業者である賃借人Ａも通常損耗や経年変化による損傷について，原則として原状回復義務を負いません。

　ただし，この事例の(3)ではＡが事業者ですので，Ａ・Ｂ間の特約でこの新法の適用を排除することができます。その場合は，Ａは通常損耗などについても原状回復義務を負います。

　したがって，この特約があるときは，賃貸人Ｂは，通常損耗などによる損傷の原状回復費用について，保証金（法的には敷金）から差し引くことができます。

■ 賃貸借に関する経過措置について ■

　賃貸借についても，2020年4月1日以降に締結されたものに新法が適用されます。また，賃貸借契約には，期間を定めたものが多く見られ，その期間が満了して契約が更新された場合に新・旧法の適用がどうなるかについては，第6章の最後で解説しています。

> ### ■ この章のまとめ ■
> ・新法では，賃借人が賃貸人に交付した金銭が「賃借人の債務を担保する目的」のものである場合は，名目が何であろうと敷金とされます。
> ・賃貸人は，建物明け渡しの際に，「敷金から賃借人の債務額を差し引いた残額」を賃借人に返す義務を負います。ただし，通常損耗や経年変化による損傷の修復費用については，原則として，敷金から差し引くことができません。これと異なる特約は可能ですが，賃貸人が事業者であり，賃借人が消費者の場合は，この特約が無効となる可能性が高いと言えます。

第**11**章 金銭の貸付契約と法定利率に関する新法について

　住宅ローンや事業者ローンなどの金銭の貸付契約は，消費貸借（しょうひたいしゃく）契約と呼ばれます。

　この場合も，お金を「貸し借り」するので賃貸借と同様に「貸借」という言葉が用いられていますが，引き渡された金銭を「借主が自由に消費する」（金銭を使う）ことができる点で，賃貸借とは異なります。

　つまり，消費貸借は，「借主が，受け取った目的物（金銭）を消費して，これと種類・品質・数量の同じ物を貸主に返還する」ことを約する契約です。

　なお，かつては，お米なども消費貸借の目的物とされましたが，現在ではそのような例を見かけることはありません。そこで，以下では，金銭の消費貸借に絞り，かつ，利息の問題も含めて，事例を挙げて解説します。

> **事　例**
>
> 甲社（借主）——————————乙社（貸主）
消費貸借契約
>
> 　甲社は，乙社に対し，Ｅメールにて「3週間後に500万円を借り受けたい」旨を申し入れ，乙社もＥメールでこれを承諾しました。
>
> (1)　このＥメールによる申込みと承諾により，甲・乙間で消費貸借契約が成立しますか？

(2)　甲において，乙の承諾のEメールがあった2週間後に，思わぬ収入があり，お金を借りる必要がなくなりました。

そこで，甲は，この契約を解除したいと考えていますが，それは可能でしょうか？

(3)　甲と乙との間で，改めて金銭借入に関する契約書が交わされました。

その中に「甲は，1年後に，元本500万円とこれに対する利息を一括して返済するものとする」旨の定めがありましたが，特に利率は定められていませんでした。

この場合に，甲は利息を支払う必要がありますか？

また，利息を支払う必要があるとすれば，利率はどうやって決まりますか？

(4)　上記(3)の契約により金銭を受け取った場合に，甲は返済期間（1年後）よりも前の「契約から6ヶ月後」に500万円を返済することができる状況になりました。

甲は，契約から6ヶ月目に，この金額を返済することができますか？

また，その場合に，どのような点に注意しなければならないですか？

■ 消費貸借はいつ成立するか？──事例の(1) ■

この事例の(1)では，金銭の貸し借りについて，甲・乙間でEメールによる申込みと承諾がされているだけで，いまだ金銭が引き渡されていません。このように金銭の引き渡しがない場合でも，消費貸借契約が成立するかどうかが問題です。

この点，旧法は，金銭を借主に引き渡さなければ，消費貸借契約が成立しないとしていました。すなわち，金銭（目的物）の引渡が

その要件となることから，消費貸借契約は「要物契約」と呼ばれていました。

これは，高額の金銭借入契約がされる場合などでは，元本のみならず利息の返済が借主にとって過酷なものとなるので，その成立に慎重を期す必要があったからとされています。

しかし，実際の住宅ローンや事業者ローンなどでは，金銭が引き渡される前に借入の契約書が交わされ，その返済を確実にさせる目的で借主の所有不動産などに担保権が設定され，その後に金銭が引き渡されています。

このような金銭引渡前の借入契約を，「要物契約の規定に反し無効とする」ことは，貸主はもちろん借主にとっても不利益です。なぜなら，金銭引渡前の借入契約が無効であるとすると，借主としては確実に融資を得る目処が立たないことになり，住居の確保（住宅ローン）や事業の展開（事業者ローン）などに支障が生じることになるからです。

そこで，判例も，「当事者間の合意だけで消費貸借が成立する」ことを認めて来ました。

しかし，この判例ルールがあることは，国民一般には分かりませんから，これを明文化して分かりやすくする必要がありました。

そこで，新法587条の2は，要物契約の他に，「合意による消費貸借」の成立を認める旨の規定を設け，この点を分かりやすくしました。

ただし，「口頭の約束」のみで消費貸借が成立するとした場合は，借主が安易に金銭を借り入れて，その返済に苦しむ事態が生じるおそれがあります。

そこで，同条1項は，合意による消費貸借は「書面でしなければならない」旨を規定し，当事者に慎重に契約をさせることとしました。

もっとも，当事者が，Ｅメールなどの電磁的記録によって消費貸借の合意をしたときは，書面が作成されたものとみなされます（同条4項）。このＥメールによる契約の成立は，すでに民法446条3項（保証契約）においても，認められていました。

　したがって，この事例の場合には，Ｅメールによって消費貸借の申込みと，これに対する承諾がされているので，500万円について書面合意による消費貸借が成立することになります。

　このように，書面合意による消費貸借契約の成立が認められますが，借主に酷な結果が生じる場合があることは新法下も変わりありません。くれぐれも，Ｅメールによる場合を含めて，金銭借入契約を結ぶことは慎重にしていただきたいと思います。

■ 金銭引渡前の解除について —— 事例の(2) ■

　さて，書面合意による消費貸借を認める以上は，金銭の引渡前に契約が成立していることになります。

　したがって，貸主は，借主に対して，契約で定められた金銭を引き渡す義務を負います。

　ところが，この事例のように，金銭の引渡前に，借主甲において金銭を借り入れる必要がなくなる場合もあります。そのような場合に，借主甲が，書面合意による消費貸借契約を解除できるかどうかが問題です。

　この点，借主甲が「金銭を借りる」約束をしている以上は，一方的に解除することは認められないとする見方もあるでしょう。

　しかし，金銭借入の必要がなくなった借主甲に対し，法律で「金銭を借り入れるよう強制する」ことは妥当とは言えません。

　そこで，同条2項前段は，実際に金銭を受け取るまでは，借主は自由に書面合意による消費貸借契約を解除できるとしました。

　ただし，この金銭引渡前の解除には問題があります。それは，こ

の解除により貸主乙に「損害が生じた」場合，借主甲が貸主乙に対して，損害賠償責任を負うとする考え方があるからです。

この点，旧法はもとより新法においても，一方当事者の債務の不履行（この事例では，金銭を借り入れないこと）によって他方に損害が生じた場合は，その損害を賠償しなければならないというのが原則です（旧法及び新法415条）。そして，たとえば，貸主が貸金業者ではない場合は，一回限りでの貸付をするために他の会社から500万円を調達することが想定され，その場合は，その調達コストにつき貸主に損害が生じていることも考えられます。

したがって，貸主に損害が生じた場合には，その賠償を認めること自体は必ずしも不当とは言えません。そのようなことから，同条2項後段は，貸主が，その契約解除によって「損害を受けた」ときは，借主に対して賠償請求できると規定しました。

ただし，「損害を受けた」とある以上は，「現実に損害が生じている」ことが必要です。したがって，いわゆる消費者金融業者が，金銭の引渡前に消費者から解除がされたからと言って，直ちに「損害が生じた」とは言えません。なぜなら，消費者金融業者は，常に多数の消費者との間で消費貸借を繰り返し行っており，一部の借主が借入をキャンセルしても，その金銭を他の消費者に貸し付けて利益を得ることが十分に可能であるからです。

この点，住宅ローンの場合も，通常は借主が個人の消費者であり，貸主が金融機関など事業者ですので，同じように考えられます。

さらに，このことは，貸主が「事業者ローンの専門業者」の場合にも妥当すると思われます。すなわち，その専門業者は，一部の借主から借入のキャンセルを受けても，他の事業者に貸し付けて利息を得ることができるので，損害を受けたとは言えない場合が多いからです（巻末の参議院附帯決議八と九参照）。

したがって，この事例において，借主甲が消費者である場合はも

ちろん，事業者である場合であっても，金銭の引渡前に消費貸借契約を解除することができ，貸主乙は「現実に損害を受けた」ことを立証できない限り賠償請求できないと言えます。

■ **補足　違約金条項がある場合** ■

　これに対して，「金銭の引き渡し前に解除した場合は，借主は違約金として金○○円を支払うものとする」旨の特約があった場合はどうでしょうか。

　これは，違約金条項と言われるものであり，民法において違約金は「賠償額の予定」と推定されます（民法420条3項）。

　すなわち，違約金条項がある場合は，一般的には，貸主は損害を立証することなく違約金を請求できることになります（逆に，損害額が違約金額を超える場合でも，通常は違約金額の範囲内でしか賠償を得られません）。

　しかし，貸主が金融機関や貸金業者である場合は，先ほども述べたように損害が発生したとは言えないので，そのような場合に違約金条項により借主に支払を強制することができるとするのは，不当と思われます。

　したがって，まず，借主が消費者の場合には，この特約は消費者契約法10条の不当条項に当たり無効となる可能性が高いと思われます。

　また，借主が事業者である場合も，その貸付契約に定型約款（第7章参照）が用いられ，その中にこのような違約金条項がある場合は，新法548条の2第2項の不当条項規定により効力が否定されると思われます。さらに，金銭貸付契約において「単なる約款」が用いられている場合も，同条の類推適用により効力が否定されると考えます（詳しくは第7章参照）。

　なお，「金銭引渡前の解除」という点から見て，その違約金があ

まりに高額と思われる場合は，暴利行為（第4章参照）として無効
となることもあります。

　しかし，それ以外の場合，つまり，事業者が金銭を借入れる場合
で，違約金の額がそれほど高額でなく，かつ，定型約款などが用い
られてない場合は，違約金条項が有効となりますので，注意が必要
です。

■ 法定利率の改正について —— 事例の(3) ■

　この事例の(3)では，消費貸借契約書に「借主が利息を払う」旨が
定められていますが，特に利率についての定めがありません。

　そこで，このような場合に，そもそも借主が利息を支払う義務を
負うかどうかが問題です。

　この点，旧法587条は，無利息の消費貸借に関する規定であり，
これを原則と解する立場から，「利息を支払う旨の特約がない場合
には，利息の支払義務がない」と解されて来ました。

　しかし，そのような解釈は国民一般には分かりませんので，明文
化して分かりやすくする必要がありました。

　そこで，新法589条は，「貸主は，特約がなければ，借主に対し
て利息を請求することができない」旨を規定し，この点を明らかに
しました。

　もっとも，この事例のように，契約書に「利息を支払う旨の定め
があるものの，利率の定めがない」場合は，利息に関する特約があ
ることになるか否かが問題となります。この問題については，旧法
はもとより新法にも特に規定がなく，解釈に委ねられます。

　この点，新法404条1項は，「別段の意思表示がないときは，
……法定利率による」と規定しているところ，この法定利率は法律
が定めた利率を言います。そこで，契約書に利率の定めがない場合
も，「利息を支払う」旨の定めがあるときは，これを「利息付き消

費貸借」と解し，利率は法定利率によって決めるとするのが一般的です（異論はあります）。そして，旧法404条では，民事の法定利率は「年5分」と定められ，それで固定されていましたので，旧法下では利率は年5パーセントで固定となります。

　しかし，高金利の時代は年5パーセントの固定金利でも問題はありませんでしたが，近時は低金利さらにはマイナス金利の状態が続いていますので，市中金利との差が余りに大きいと言わざるを得ません。

　また，そもそも金利というのは，できる限りその当時の経済状態に合ったものにして行かなければ，当事者間の公平を欠くことになります。

　と言いますのも，年5パーセントで固定する場合，市中金利がこれを大幅に下回る状況（現在の状況）では，一般的には「金銭の支払いを請求する側」に有利です。つまり，相手方に資力がある場合は，回収を引き延ばせば年5%の金利分まで取得できるので，銀行に預けるより有利です。逆に，市中金利が5%を大幅に上回る場合は，一般的には「請求を受ける側」に有利となります。なぜなら，支払を引き延ばして銀行に預けておけば，金利の差額分を取得できるからです。

　したがって，固定金利の場合は，経済情勢によって有利・不利が決まるので公平とは言えません。

　そのようなことから，法定利率は，「できる限り経済情勢に応じて変更できる」ようにする，つまり基本的には変動制を取るのが適切です。

　ただし，そうであるからと言って，変動型の住宅ローン金利のように，頻繁に法定利率が改定されるのでは，混乱が生じ妥当とは言えません。

　そこで，新法404条は，基本的には変動制を採用しつつ，激変を

緩和するための配慮をしました。

すなわち，まず，新法施行後の最初の法定利率を年3パーセントとし（同条2項），その後3年に1回，市中金利の平均値（過去5年間）をもとに，1パーセント以上の差が生じた場合に法定利率を見直すこととしました（同条3項から5項）。

このように，3年に1回の見直しや，過去5年間の平均値をもとに算定するなどして，激変緩和を図っているのです。

この法定利率は，今後，インターネットでも公開される予定ですので，ご参照下さい。

したがって，この事例では，利息を支払う旨の特約があるものの利率の定めがないので，新法施行後は，金銭引渡日（次ページの補足2参照）の法定利率によって利率を決めることになります。

■ 補足その1　遅延損害金の利率について ■

ところで，仮にこの事例の借主甲が，借入金の返済を期日までにしなかった場合，甲が「元本と，実際の返済日までの利息」だけを支払えばよいかというと，そうではありません。

なぜなら，「金銭を支払う債務」を負った債務者が，その債務の履行を遅滞した場合には，債務者は遅延日数に応じて「遅延損害金」（遅延利息とも言いますが，これは利息ではなく損害賠償金です）を支払わなければならないからです。このようなペナルティがなければ，返済が滞ってしまうのです。

そこで，この遅延損害金の割合をどのようにして決めるかが問題となります。この点，新法419条1項は，従前と同様に「法定利率によって算定する」旨を原則としました。ただし，特約によって法定利率を上回る利率が定められていた場合は，この特約（約定利率）によります（同項ただし書）。

では，新法のように，法定利率が変動する場合，どの時点の利率

をもとに遅延損害金の利率を決めるかが問題となります。

これについて，新法419条1項は「債務者が遅滞の責任を負った最初の時点」における法定利率によるとしました。これは，事例においては，遅延をした日（返済日の翌日）の法定利率によって決めることを意味します。

しかも，新法は，一旦決まった利率は，それ以後は変動しない旨を定めています。これも，混乱をさけるための方策です。

したがって，たとえば，遅滞した日の法定利率が3パーセントであった場合は，遅延損害金の利率も3パーセントとなるので，借主は，返済日の翌日から実際に返済をする日までの日数についての遅延損害金を，元本・利息と合わせて支払うことになります。

ただし，金銭消費貸借の場合は，実際には契約書で遅延損害金の利率が定められている場合が多く，その場合はその約定の利率によります。

■ 補足その2　金銭引渡前に利息の支払義務を負うか？ ■

では，事例の(2)のように，金銭が引き渡される前に，借主が消費貸借契約を解除した場合，貸主は「契約日から解除日までの日数の利息」を支払うよう請求できるでしょうか。

この点，旧法には何ら規定が有りませんでした。

これに対し，まず新法589条2項は，「貸主は，借主が金銭を受け取った日以後の利息を請求することができる」旨の規定を設けました。利息は金銭の利用の対価ですから，「金銭が引き渡されるまでは利息が発生しない」のが当然であるからです。

では，貸主・借主間の契約において，金銭引渡後の利息のみならず「契約日から金銭が引き渡された日までの利息も支払う」旨が，特別に定められた場合は，どうでしょうか。これも，契約自由の原則から有効との意見もあるでしょう。

　これについては，新法にも特段の規定はありませんので解釈に委ねられますが，私は，このような「金銭引渡前の利息支払の特約」は無効と考えます。なぜなら，新法が「利息は金銭の利用の対価である」ことを明確にした以上は，「金銭引渡前にも利息が発生する」という特約は，その規定に正面から反するからです（第1章で述べた強行規定に当たります）。

　したがって，貸主は，借主に対し，金銭引渡前の利息を請求することができないと考えます。

■ 期限前返済について── 事例の(4) ■

　この事例の(4)では，甲が，1年後に元本500万円と利息を一括して返済することになっているところ，その期間の中途で返済（期限前返済）しようとしています。

　この1年の返済期限は，借主に返済の猶予を認めるものであり，借主にとって利益と言えます。このような利益を借主が自ら放棄して，期限前に返済することは可能です（民法136条2項本文）。

　しかし，この規定は消費貸借の条文には定められておらず，国民一般には分かりません。

　そこで，新法591条は，借主が「返還の期限の定めの有無にかかわらず，いつでも返還をすることができる」と規定し，期限前返済ができることを明文化しました。

　したがって，事例の(4)では，契約日から借主は6ヶ月後に返済することができます。

　ところが，この場合に貸主が，「期限一杯までの利息分を得られなかったことによる損害」があったとして，損害賠償を請求できるかどうかが問題となります。貸主は，1年間の期限を契約書に定めて貸し渡した時点で，1年分の利息がとれるものと期待しているとも考えられるからです。

この点，民法 136 条 2 項が，期限の利益の放棄によって「相手方の利益を害することはできない」と規定していましたので，旧法下においては，期限前弁済の場合は，「貸主が得られなかった利息分相当額」の損害を賠償しなければならないとする考え方がありました。

　確かに，貸主が，銀行や金融業者などではなく一般の会社である場合は，資金の調達費用などのコストがかかっている場合もあり，「貸主に損害が生じた」ときに損害賠償を認めることは，一般的には不当とは言えません。

　そのようなことから，新法 591 条 3 項は，借主が期限前返済をしたことによって貸主が「損害を受けたとき」は，借主は損害賠償をしなければならないと定めました。

　もっとも，「損害を受けた」とある以上は，事例の(2)で述べたのと同様に，「貸主が現実に損害を受けた」ことを立証しなければなりません。

　したがって，たとえば消費者金融業者が，消費者から期限前返済があった場合に，期限までの利息分相当額の損害を受けたと主張しても，これは認められないのが通常と言えます。

　同じことは，住宅ローンや，事業者ローンの専門業者が金銭を貸し付けた場合にも，当てはまると思われます（最近では，住宅ローンの期限前返済の場合，手数料程度の金額を支払う例が多いようです）。

　それ故，事例の(4)のように，借主甲が期限前返済をした場合に，貸主乙から損害賠償請求を受けても，借主甲は「現実に損害がない」旨の反論をして，貸主乙側に「損害を立証するよう求める」ことができます。

　なお，期限前返済について違約金条項があった場合も，先ほどの「金銭引渡前の解除」と同様に考えられます。

■ 消費貸借と法定利率に関する経過措置について ■

消費貸借も契約ですから，2020年4月1日以後に締結（書面合意を含む）されたものに，新法が適用されます。

なお，消費貸借においては，契約書に極度額を定め，一定の期間内は，極度額の範囲内であれば借入や返済が随時できる旨の基本契約を締結することがあります。その場合，新法下で契約期間満了時に基本契約を更新したときは，新・旧法のいずれが適用されるかが問題となります。これについても売買（第8章）で述べたと同様になります。

次に，法定利率については，いくつかの問題がありますので，順に述べます。

(1) 法定利率についての新・旧法適用の基準時は「利息発生時」となります（附則15条1項）。すなわち，施行日前に，貸金債権について利息が発生した場合は，その債権の法定利率については旧法が適用されます。そうすると，事例の(3)において「金銭の引渡日が施行日前である」ときは，その引渡日に利息が発生するので，その債権の法定利率については旧法が適用され，年5パーセントとなります。

なお，その貸金債権について施行日（2020年4月1日）以後にも利息が生じた場合，その債権の法定利率には旧法が適用されるので，利率は年5パーセントのままとなります（附則15条）。

これに対し，施行日前に貸金契約が締結されたが，施行日以後に金銭の引渡がされた場合は，その引渡時に初めて利息が発生するので，その契約から生じた貸金債権の法定利率については新法が適用されます。

ちなみに，少なくとも新法施行後3年間は法定利率が年3パーセントですから，その間に金銭が引き渡されれば，貸金債権については年3パーセントの利率が適用され，以後もその債権について生じる

利息については，同じ利率が適用されます。

（2）また，貸金契約において返済日が定められ，借主がその日に金銭の返還を怠った（遅滞した）場合は，その金銭返還債務について遅延損害金が発生します。

そして，その返済日に借主が返済を怠った場合は，遅滞の責任を負った日が施行日前であるときは，その遅延損害金の利率には旧法が適用されます（附則17条3項）。その結果，遅延損害金の利率は年5パーセントとなります。

これに対し，この貸金契約が施行日前に交わされたが，返済日が施行日以後であり，かつ，その日に借主が遅滞の責任を負ったときは，その遅延損害金の法定利率には新法が適用されます。そうすると，約定利率の定めがなく，少くとも施行日から3年の間に遅滞があった場合は，遅延損害金の利率は年3パーセントとなります。

（3）いわゆる中間利息控除に関する新法が，いつ，どのように適用されるかという問題も，法定利率の問題の一つですが，第14章で述べます。

■ **この章のまとめ** ■

・金銭の借入契約は，「書面による合意」（Eメールも含む）によっても成立し，貸主は金銭の引渡義務を負います。

・書面合意によって金銭借入契約をした場合，金銭の引渡前は，借主は契約を解除することができます。その解除に対し，貸主が「損害を受けた」として賠償請求をしてきたとしても，貸主が銀行や金銭貸付の専門業者であったときは，その損害が認められないことが多いと言えます。その場合は，賠償に応じる必要はありません。

・また，借主は，貸主から「金銭引渡前の利息」を支払うよう

請求されても，これに応じる必要はありません。

・借主は，期限前に借入金の返済をすることができます。その場合にも，貸主が損害賠償を請求してくることがありますが，「金銭引渡前の解除」と同様の理由から，賠償に応じないで良い場合が多いと言えます。

・借主が，期限に返済をしなかった場合は，元本・利息の他に遅延損害金を支払う必要があり，その遅延損害金は，「遅滞の責任を負った最初の時点」（事例では返済日の翌日）の法定利率によって計算することになります。ただし，約定利率が法定利率を超えるときは約定利率によります。

第12章 消滅時効に関する新法（原則的な規定）について

消滅時効とは，「時の経過によって債権その他の権利が消滅する」ことを言います。以下，今回の改正の対象となった債権の消滅時効を中心に，事例を挙げて解説します。

事 例

(賃借人) 甲会社 ——————————— (賃貸人) 乙会社
賃貸借契約

　甲会社は，乙会社から，建物の一部屋を事業のために賃借しており，使用開始からすでに10年近く経ちました。この建物には共用の炊事場，トイレなど（共用部分と言います）があり，その電気料金については，各階ごとに部屋の面積に応じて全ての賃借人が分担して，家賃と共に毎月支払うこととなっていました。

　ところが，この共用部分の電気料金について，乙が甲の負担すべき金額について計算間違いをしており，10年近く前から甲が過剰に電気料金を支払っていたことが分かりました。

(1) 甲が乙に対し，過払いの電気料金の返還を求めたいと思いますが，何時の時点まで遡って返還を請求できますか？

(2) その過払いが始まってから9年10ヶ月後に，甲が過払いの事実を知り，乙に対し，手紙でその過払金の返還を請求しました。しかし，乙が支払に応じないので，その3ヶ月後にその返還を求めて訴訟を提起しました。これにより，

時効の進行はどのようになりますか？

(3)　その訴訟において，Xが勝訴判決を受けて判決が確定した場合，この請求権の時効はどのようになりますか？

■ 旧法の消滅時効期間は？ ■

旧法では，原則的な債権の消滅時効の期間は「権利を行使することができる時から10年」とされていました。

この「権利を行使することができる時」という時効の開始時点を「時効の起算点」と言います。また，これは「権利を行使することができる」という客観的な時点を問題にしていることから，客観的起算点と呼びます。

ところが，旧法においては，この消滅時効期間について，次に述べるとおり例外が多く定めてあり，果たしてこの権利は何年間で時効により消滅するのかが不明な場合や，国民はもとより実務家ですら誤解してしまう場合もありました。

■ 職業別の短期消滅時効制度とは？ ■

この消滅時効期間の例外のうち，代表的なものを挙げると，以下のとおりです。

① 医師，助産師の診療報酬債権，設計や工事の施工の報酬債権
→ 3年間

② 弁護士の報酬債権，卸売商人や小売商人の代金債権→ 2年間

③ 運送賃にかかる債権，旅館や飲食店の代金債権→ 1年間
（以上，旧法170条から174条）。

これらの例外は，いわば「職業別の短期消滅時効」の制度というべきものであり，120年前は正当とされ，そのような規定が設けられました。

　しかし，現代においては，なぜ職業が違うと，その報酬債権や代金債権の時効期間が異なるのかについて，合理的な理由が見当たりません。

　また，どの債権が何年間で時効消滅するかが不明な場合も生じていました。たとえば，「あんまマッサージ師」の報酬債権は，医師や助産師の報酬債権と同様に 3 年間となるのか，それとも一般的な債権として 10 年間となるのかが明らかではありませんでした（詳細は中間試案補足 67 頁参照）。

　さらに，商法 522 条が「商事債権については時効期間を 5 年間」とする旨を定めていますので，少なくとも「会社間の取引により生じた債権」は 5 年間とされています。ところが，会社が建設工事業や飲食店業，旅館業を行っている場合は，その代金債権は，上記②や③のように 3 年から 1 年で時効により消滅します。これらの職業のみ時効期間が短いので，不公平としか言いようがありませんでした。

　そのようなことから，旧法の短期消滅時効は，すべて廃止する必要がありました。

■ 商事時効制度の適用範囲 ■

　また，商事時効についても，どのような場合にこれが適用されるのかが分かりにくい場合がありました。

　たとえば，会社間の建物賃貸借は，商人がその営業のためにした行為であり，これによって発生した賃料債権は商事債権とされます。

　しかし，この事例のような過払金の返還請求権に，商事時効の規定が適用されるかと言うと，そうではありません。

　すなわち，この債権も，会社間の賃貸借に伴って生じたものですが，この「過払金」というのは，民法上は「不当利得」とされます。不当利得というのは，民法 703 条に規定があり，「法律上の根拠（原

因）がないにもかかわらず，他人の財産などによって受けた利得」
を言います（ただし，これによりその他人に損失が生じることが必要で
す）。

　この過払いの電気料金も，法律上の根拠がないのに，乙が甲から
受け取った利得であり，これにより甲に損失が生じていますので，
不当利得に当たります。

　そして，この不当利得についての返還請求権は，民法の規定に
よって生じる債権（法定債権と言います）であって，商事債権では
ありません。したがって，この事例の場合には商事時効の適用はな
く，旧法下では，時効期間が10年間とされていました。

　このように，どの債権について，どの時効期間が適用されるかが，
旧法のもとでは分からない場合があり，これを分かりやすくする必
要がありました。

■ 新法の原則的な消滅時効期間は？ ■

　そこで，旧法の職業別の短期消滅時効制度や商事時効をすべて廃
止することとなりました。

　そして，これらを廃止した上で，上記の原則どおり，債権の消滅
時効の期間をすべて「客観的起算点から10年」に一本化するとい
う考え方もあり得ました。

　ところが，これに対しては，経済界から「事業者間の取引が頻繁
に行われる現代では，時効期間を一律に10年とするのは長すぎる」
などの批判がありました。この立場から，客観的起算点から3年あ
るいは5年で時効が完成するという短期化の方向が示されました。

　これに対し，日弁連は，権利者の立場を擁護する観点から，「客
観的起算点から10年」を原則としつつ，「事業者間の契約に基づく
債権ついては5年」及び「事業者の消費者に対する債権については
3年」とする案を出しました。

160

しかし，これについても，経済界から，「民法に，事業者や消費者の概念を盛り込むのは妥当でない」という批判，あるいは，「かえって時効制度が複雑になる」などの批判が出たため，この案ではまとまりませんでした。

そのような経緯から，法制審議会の部会において，客観的起算点から10年の原則を維持しつつ，契約によって生じる債権（契約債権と言います）の時効期間を事実上短期化する以下の案が出され，それが新法で採用されました。

すなわち，新法166条1項は，債権者が「権利を行使することができることを知った時から5年」（1号），または「権利を行使することができる時から10年」（2号）という時効期間を定めました。

このうち，2号は旧法と同じですが，1号は権利行使できることを「知った時」を起算点（主観的起算点と言います）としており，時効期間は，それから5年となっています。

そして，新法は，客観的起算点から10年あるいは主観的起算点から5年の，いずれかが早く到来した時点で時効が完成するとしました。

そうすると，契約債権は，通常は履行期限から5年間で時効消滅することになります。なぜなら，債権者は，契約において履行期限があることを当然に知っているからです。たとえば，貸金契約の場合，貸主は返済日に金銭の返還を請求（権利行使）できますが，返済日（権利行使ができる時）がいつかを当然に知っています。

したがって，事業者間の契約によって生じた債権は，通常は5年間で消滅しますので，商法522条の規定は不要となり，廃止されました。

また，個人間の貸金契約によって生じた債権も，契約債権ですから，通常は「権利を行使することができることを知った日」である「返済日」から5年間で時効消滅します。その意味で，今回の改正

により，消滅時効の期間が短くなったことは否めません。

　しかし，私見を言わせていただければ，かつては「10 年ひと昔」
と言われましたが，今日では日常生活でも「実感としての時間の経
過のテンポ」は早くなっています。

　のみならず，個人間の貸金契約において，返済期限から 10 年近
く経ってから返還請求訴訟を提起しても，すでに相手方が破綻など
して返済を受けられない場合や，あるいは「実際には途中で返済が
されていた」のに領収書が残っていないために，訴訟の時点ではそ
のことを証明できなくなっていたりするなど，色々と問題が生じて
いることも事実です。

　そこで，貸金債権を含め契約債権の時効期間を，5 年程度に短期
化し，むしろ国民の皆様に早期に権利行使をしていただくことに
よって，このような問題を回避することが必要と思われます。

　以上のことから，少なくとも契約債権については，今後は履行期
限から 5 年以内には必ず権利行使をしていただきたいと思います。

　これに対し，労災事故（安全配慮義務違反）による損害賠償請求
権については，後遺症害など後から遅れて発生する損害も多いとこ
ろ，新法では，このような場合は事故から 5 年が経過すれば直ちに
時効が完成する訳ではありません。なぜなら，労災事故があっても，
被害者が「それによって損害が発生したこと」を知らなければ「権
利行使できることを知った」ことにはならないからです。すなわち，
この場合は，「労災事故によって損害が発生したことを知った時」
から 5 年となるのです。医療過誤において債務不履行（医療契約違
反）による損害賠償を請求する場合も同様です。その意味で，新法
は被害者に配慮した時効制度になっており，時効期間を一律に短期
化したものではありません（＊）。

　　＊　労働基準法や保険法が定めている時効期間については，現時点で

は改正されていません。ただし，労働者の給料債権の時効期間については，政府の労働政策審議会で，労働界や経済界の意見をふまえて答申が出され，時効期間は民法改正の状況をもとに 5 年とするが，当分の間は 3 年とするとされました。まもなく，時効期間を 3 年間とする労働基準法の改正案が国会に上呈される見込です。なお，退職手当の請求権の消滅時効期間については，現行の時効消滅期間が維持されました。また，賃金債権についての改正案が国会で可決された場合，時効期間を当面 3 年とする新法は，施行日以後に賃金支払日が到来した賃金請求権について，適用される見込みです。

■ 不当利得返還請求権の時効は？──事例の(1) ■

これに対し，契約ではなく民法の規定によって発生する法定債権はどうなるでしょうか。以下では，不当利得返還請求権について述べます。

この不当利得返還請求権も，債権である以上は新法 166 条 1 項により，客観的起算点から 10 年または主観的起算点から 5 年で時効消滅します。

そうすると，事例の(1)の場合，客観的には「過払金返還請求権が発生した当初の時点」つまり「甲が過払いを始めた時点」から 10 年，または「過払いがあったことを知った時」から 5 年で，順次に時効消滅することになります。

したがって，この事例の場合，過払金については，いまだ 10 年経過していませんので，過払金が発生した時に遡って請求できます。ただし，過払金があったことを知ってから 5 年経過した場合は，新法下では，経過した部分の過払金の返還請求はできません。

なお，消費者金融業者に対する消費者の過払金返還請求権の時効については，色々と特別な問題がありますので，紙面の制約上，ここでは触れません。

■ 時効の更新と完成猶予について──事例の(2) ■

事例の(2)では，甲が，過払いが始まってから9年10ヶ月後に，手紙で過払金の返還請求をしています。このような裁判外の請求を「催告」と言いますが，これにより時効の進行を止めることができるかどうかが問題となります。

この点，旧法では，時効の完成を妨げる事由として，時効の「中断」と「停止」という制度が設けられており，催告は中断事由とされていました。

しかし，旧法では，同じ「中断」という制度にもかかわらず，違う効果が生じるものがあり，分かりにくい状況でした。

たとえば，「債務の承認」といって「債務者が債務の存在を認めた」場合は「中断」が生じ，時効はその承認の時点から「新たに進行を始める」ことになっていました（旧法147条3号，157条）。ところが，催告は，同じ「中断」でありながら，通知が到達した時から6ヶ月間「時効の完成が猶予される」にすぎませんでした（旧法153条）。

このように中断や停止という用語は国民一般に分かりにくいことから，新法は，これらの概念を廃止し，新たに時効が進行を始める場合を「更新」とし，時効の完成が猶予されるにとどまる場合を「時効の完成猶予」という用語に改めました。

そうすると，新法では，債務の承認は時効の更新事由に当たり，催告は時効の完成猶予の事由に当たります（新法152条1項，150条）。

ここで特に指摘しておかなければならないことは，催告を繰り返した場合に，「時効がいつまでも完成しない」と誤解している国民が多いことです。

これは，重大な誤解です。というのも，内容証明郵便などによって催告した場合に，それが相手方に到達した日から6ヶ月間は時効が完成しませんが，その6ヶ月間に訴訟提起などをしなければ，

「催告をした意味がない」旨が規定されているからです（旧法 153 条，新法 150 条も同旨）。

　そのような誤解を取り除くため，新法 150 条 2 項は，催告によって時効の完成が猶予されている間（6ヶ月間）にされた「再度の催告は，時効の完成猶予の効力を有しない」旨を明確に規定しました。これも，分かりやすい民法を実現したものです。

　また，旧法下における判例は，訴訟提起により「裁判上の催告」がされたことになるとして，「訴訟が継続している間」はもとより，「訴訟の取り下げ」から 6ヶ月間は時効が完成しないとしていました。

　ところが，このような判例があることは国民一般には分かりません。

　そこで，新法は，訴訟提起を「裁判上の請求」と定義し，時効の完成猶予の事由として定めました（新法 147 条 1 項 1 号）。この規定により，訴訟提起中または訴訟取り下げ後 6ヶ月間は，時効の完成が猶予されます。

　したがって，事例の(2)については，まず，甲が手紙で請求したことは催告に当たります（ただし，相手方が，「催告があった」ことを争った場合は，催告したことを裁判で立証しなければなりませんから，内容証明郵便などで通知するべきです）。

　したがって，催告が相手方に到達したことが認められれば，それから 6ヶ月間は，時効の完成が猶予されます（主観的起算点から 5 年の期間は十分に残っていますが，客観的起算点から 10 年の時効は，あと 2 か月で完成します）。

　そして，甲は，催告から 3ヶ月後に訴訟を提起していますので，さらに時効の完成が猶予されることになります。

■ 判決で確定した権利の消滅時効──事例の(3) ■

　では，訴訟が取り下げられることなく終結し，甲の返還請求を認

める判決が出て，乙からの不服申立がなく判決が確定した場合，時効はどのようになるでしょうか。

これについて新法は，「判決で確定した権利」の時効は，その確定時から「新たに進行を始める」つまり「時効の更新事由」になる旨を明文化しました（新法147条2項）。これも，これまでの考え方を明文化し，分かりやすい民法を実現しています。

なお，その場合の時効期間は，旧法と同様に，判決確定後10年間となります（新法169条）。

■ 消滅時効の原則規定に関する経過措置 ■

これについては，消滅時効期間と時効の更新・完成猶予の事由に分けて述べます。

(1) まず，債権の消滅時効の原則的期間（新法166条）についての新・旧法適用の基準時は，債権発生時となります（附則10条4項）。すなわち，施行日前に債権が生じた場合は旧法を，施行日以後に債権が生じた場合は新法を適用します。

ただし，その債権が，契約などの法律行為によって生じた場合は，その法律行為が施行日前にされた時は，旧法が適用されます。たとえば，旧法下で交わされた賃貸借契約に基づいて，新法下で賃料債権が発生した場合は，契約が旧法下でされているので，旧法が適用されます（附則10条1項かっこ書き）。

また，旧法下でされた契約に基づいて，新法下で債務不履行による損害賠償請求権が発生した場合も，旧法が適用されます。たとえば，売買契約が旧法下で締結され，引渡日が施行日以後とされていたところ，その引渡日に売主が目的物を引き渡さなかったことから買主に損害賠償請求権が発生した場合，この請求権の消滅時効期間については旧法が適用されます。

これらは，第2章で述べた新・旧法適用に関する原則的な考え方

に立っています。もっとも，不法行為に基づく損害賠償請求権の消滅時効期間については，重要な例外があります。これについては第13章で述べます。

(2)　次に，時効の中断事由（債務の承認や催告など）や停止事由（天災等による時効停止など）の新・旧法の適用基準時は，その事由の発生時になります（附則10条2項）。

すなわち，施行日前にこれらの事由が生じた場合は，旧法が適用されますが，施行日以後にこれらの事由が発生した場合は，新法が適用されます（附則10条2項）。たとえば旧法下で，請負契約がされたものの請負人が完成引渡期日に目的物を引き渡さず，注文者に損害賠償請求権が発生したところ，新法下でその請求権について訴訟提起をした場合は，新法の「時効の完成猶予」（新法147条1項）の規定が適用されます。何故かというと，旧法の中断・停止という用語は分かりにくく，しかも新法の更新・完成猶予という制度と長期間併存した場合は混乱が生じるので，できる限り新法を適用する必要があるからです。この点は特殊ですから，注意が必要です。

(3)　なお，附則10条1項は「時効の援用権者」（誰が時効を主張できるかという問題）について，同条3項は「協議による時効完成の猶予」という制度（書面合意により時効の完成猶予をする新たな制度）について，それぞれ上記(1)の原則的な考え方によると規定しています。

■ この章のまとめ ■

・今回の改正により，職業別の短期消滅時効や商事時効は廃止されました。

・新法では，原則的な時効期間は，権利行使ができる時（客観的起算点）から10年または権利行使できることを知った時

（主観的起算点）から5年とされました。その結果，契約債権は，個人間の貸金債権も含めて，通常は履行期（返済日など）から5年で時効が完成しますので，十分に注意して下さい。

・時効の中断・停止という用語が廃止され，時効の更新・完成猶予という用語に変わりました。

・催告が到達してから6ヶ月間は，時効の完成が猶予されますが，その間に催告を繰り返しても，時効が止まったり，期間が延長されるなどのことは一切ありません（改正前からそうです）。

第13章 不法行為・安全配慮義務違反による損害賠償請求権と人身損害に関する新法

　新法は，不法行為（意味は後述）にもとづく損害賠償請求権について，人身損害に関する特則を定めました。

　以下では，この問題と関連する点を含めて，事例を挙げて検討します。

事 例

X ——————————— Y会社

　Ｘは，Ｙ会社が経営するスキー場でスキーをしている最中に，転落事故に遭いました。そのため，大けがをして人的損害を受けたほか，スキー板が破損する物的損害も受けました。

　その事故の原因は，迂回（うかい）コースでありながら斜面が急で折り返し地点が狭かったために，Ｘがその折り返し地点で停止しようとしてスリップし，コース外に転落したことによります。

　ただし，その折り返し地点に転落を防止するためのネットがあれば，この事故を防げたものであり，かつ，このネットを設けるべきであったので，この事故についてＹ会社に過失が認められます。

　ところが，Ｘは，けがによる精神的ショックのため，事故から３年以上経ってもＹ会社に対して何らの請求もしませんでした。その後，Ｘは，やっと立ち直り，事故から４年後にＹ会社に対し物的損害及び人的損害について損害賠償請求をしました。

これらの請求は認められますか？

■ 不法行為による損害賠償請求権と時効期間 ■

スキー場での事故や交通事故，その他人為的な事故については，しばしば不法行為による損害賠償請求の問題が生じます。

この不法行為というのは，「故意又は過失によって他人の権利又は法律上保護される利益を侵害する行為」をいいます（民法709条）。つまり，簡単に言えば，「故意または過失による違法行為」ということになります。

そして，この「不法行為によって損害を受けた者」つまり被害者は，加害者に対して損害賠償請求ができます。

すなわち，不法行為の制度は，この損害賠償請求を認めることにより，「加害者に補償させて，被害者を救済する」ことを目的としています。これは，交通事故などのように，「契約関係にない当事者間」での債権発生を認めたもので，民法の規定によって生じる法定債権です。

この事例においても，スキー場の経営者であるＹが，迂回コースが急傾斜で，その折り返し地点が狭いことから，転落事故を招く危険性があることを予見できるのに，その予見をしなかった点に過失があり，何ら転落防止の措置を取らなかったという不作為（ふさくい）が，違法行為に当たります。

そして，Ｘには，この事故によって人的・物的損害が生じていますので，Ｙ会社に対して不法行為に基づく損害賠償請求をすることができます。そこで，この請求権の「時効期間が何年か」が問題となります。

なお，この事例では，色々な損害賠償請求を検討するために，あえてスキー場事故を取り上げていますが，不法行為に関する解説部

分は，交通事故などの他の不法行為全般にも通用します。

ところで，この請求権の時効については，旧法では，被害者が「損害及び加害者を知った時」（主観的起算点）から3年で時効消滅するとされていました（旧法724条）。

また，不法行為の時（客観的起算点）から20年を経過したときも，請求権は時効消滅するとされていました（旧法724条後段）。

すなわち，旧法では，不法行為による損害賠償請求権について，主観的起算点から3年または客観的起算点から20年のいずれかが早く到来した時点で，時効が完成しました。

このように，「主観的起算点から3年」という短い期間で時効により消滅するとされた理由は，もともと不法行為は，契約関係などの特別な関係がない者同士の間で生じたもの（不法行為だけを取り上げればそのように言えます）ですので，「あまり長い年月が経つと，加害者側が反対の証拠を挙げて争うことが難しくなる」などの加害者側の事情に配慮すべき点が挙げられていました。

このような時効期間の定めは，基本的には新法でも維持されています（新法724条）。

しかし，人身事故の場合にも，そのように3年という短い期間で時効が完成するとするのは被害者保護からすると問題があるので，新法は，時効期間を長期化しました。詳しくは後に述べます。

■ 安全配慮義務違反による損害賠償請求権と時効期間 ■

ところで，スキー場においては，経営者が，利用者の安全に配慮する契約上の義務があるかどうかも問題となります。

この点，安全配慮義務は，典型的には雇用契約などにおいて発生します。

すなわち，雇用主は，従業員に対し，雇用契約に伴い，その従業員の安全に配慮する義務があるというものです。したがって，たと

えば，雇用主が従業員に機械作業を命じていたところ，その機械が誤作動して従業員が怪我をした場合において，機械の誤作動について雇用主に帰責事由が認められるときは，安全配慮義務違反が認定されます。

そして，この安全配慮義務違反行為により，従業員に損害が発生した場合は，従業員は，雇用主に対し，損害賠償請求ができるのです。これは，雇用契約など契約関係にある当事者の間で発生しており，法定債権ではなく契約債権ということになります。

それでは，スキー場の場合はどうかというと，スキーやスノーボードなどをするためにスキー場に来場した者と，スキー場経営者との間で，「黙示に，スキー場利用に関する契約」が成立するとされています。

そうすると，スキー場経営者は，利用者に対し，黙示の利用契約に伴い，その安全に配慮すべき義務が生じると考えられます。たとえば，ゲレンデに障害物がないようにするなど，利用者の安全に配慮すべき義務があります。事例の場合においても，迂回コースの斜面が急であって，折り返し地点の踊り場部分が狭い場合には，転落防止の措置を講じるなど，その安全に配慮する義務があります。

そして，この事例では，上記のとおりYに安全配慮義務違反が認められるので，被害者Xは，Yに対して，債務不履行に基づく損害賠償請求ができます。

この債務不履行による損害賠償請求権の消滅時効については，旧法では，「権利を行使することができる時から10年」とされていました（旧法166条1項及び167条1項）。これに対し新法では契約債権として，「権利を行使することができることを知った時」から5年または「権利を行使できる時」から10年で時効消滅します（第12章参照）。

したがって，債務不履行による損害賠償請求をする場合は，従前

とは異なり，通常は5年以内には権利行使をする必要があります。

　ただし，この場合も，「債務不履行によって損害が発生した」ことを知らなければ，被害者が「権利を行使することができることを知った」とは言えません。したがって，事故から遅れて損害が発生した場合は，「その損害発生を知った時」から5年間で時効消滅することになります。その意味で，単純に「安全配慮義務違反による事故発生から5年間」に短縮されたとは言えません。

　なお，この事例では，被害者Xは，一方で不法行為に基づく損害賠償請求ができ，他方で債務不履行に基づく損害賠償請求ができますが，この二つの請求権が，どのような関係にあるのかも問題となります。

　これについて判例・実務は，被害者Xが，いずれの請求権をも行使することができるが，どちらか一方で補償されれば，他方の請求はできないとしています。どちらも選択できる方が被害者の救済に好都合と思われますが，さりとて二重に補償を受けることは許されないからです。

■　人身損害の特則とは？　■

　さて，先ほど述べたように，新法は，人身損害の被害者を保護する見地から，この場合に限り不法行為や債務不履行に基づく損害賠償請求権について，時効期間の長期化を図りました。

　①　不法行為に基づく損害賠償請求権

　　　新法は，「人の生命又は身体を害する不法行為による損害賠償請求権」の時効については「主観的起算点から5年」または「客観的起算点から20年」としました（新法724条の2）。

　　　すなわち，不法行為については，旧法で主観的起算点から3年とされていた時効期間を，5年に長期化しました。

　　　もちろん，人身損害について，この主観的起算点からの時効

期間を 10 年あるいは 20 年に伸ばすことができれば，被害者保護を徹底することができますが，そのように一気に長期化することには反対意見もあり，現実的には難しいものがありました。

　また，実際には，事故からあまりに長期間が経過すると，事故現場についての正確な情報が得られず，被害者側の証拠の収集が難しくなることもあります。

　たとえば，上記の事例で，スキー場側が，事故後ある程度の期間が経つと安全のためにネットを設置してしまうことが多く，そうすると長期間経過後に訴訟提起しても，事故当時にもネットがあったのではないかとの見方が生じ，加害者の過失などを立証することが難しくなることも考えられます。

　それ故，被害者のためにも，ある程度の期間内での解決を促すことも必要であり，「損害及び加害者を知った時から 5 年」にしたのは妥当と言えます。

　なお，新法のもとでも，物的損害の消滅時効については，依然として主観的起算点から 3 年ですので，事例においてスキー板が破損したという物的損害については，主観的起算点から，3 年以内に請求しなければなりません。

② 債務不履行に基づく損害賠償請求について

　これについても，人身損害の場合には，被害者保護の見地から特則が設けられており，客観的起算点からの時効期間が 20 年間に延長されています（新法 167 条，166 条 1 項 2 号）。

　そうすると，人身損害の場合については，債務不履行による損害賠償請求権についても，「主観的起算点から 5 年」または「客観的起算点から 20 年」で時効消滅することとなります。

　したがって，人身損害については，不法行為，債務不履行のいずれであっても，損害賠償請求権の時効期間が同じとなり，分かりやすくなったと言えます。

174

　なお，この事例で，「被害者Xの全ての損害が，事故発生と同時に明らかとなっていた」場合は，事故発生時に「損害及び加害者」あるいは「権利を行使することができること」を知っていることになります。

　そして，この事例では事故から4年経っていますので，物的損害についての賠償請求権は時効消滅していますが，人身損害についての賠償請求権は，5年未満で時効消滅していないこととなります。

■ 補足その1　不法行為の場合の「20年間」の期間の意味 ■

　なお，不法行為では，「客観的起算点から20年」という期間が，「時効期間か否か」が争われてきました。

　すなわち，この20年が時効期間であるとすれば，新法の時効の「完成猶予」などが認められることになりますので，被害者は時効完成前に催告などをして，時効完成の猶予を受けることができます。

　これに対し，時効ではなく，「一定の期間が経過すると当然に消滅する」除斥（じょせき）期間であるとすると，時効の完成猶予などは認められなくなり，被害者にとって酷な場合が生じます。

　たとえば，不法行為から19年11ヶ月後に，その加害者を知って催告をした場合，時効期間であれば時効の完成が猶予されるのに，除斥期間であれば20年経過により当然に権利が消滅するのです。

　この点，旧法下の判例は，この20年の期間を「除斥期間」であると判示しましたが，「被害者保護に反する」との批判が多くありました。

　そこで，新法724条は，この20年の期間も「時効期間」であるとしました。これにより，先ほどのような被害者にとって困った状況が改善されます。

■ 補足その2　過失相殺について ■

　ちなみに，この事例では，事故が発生したことにつき，被害者X
に「過失」があるか否かも問題となります。たとえば，この事例で，
Xが急斜面にも関わらずスピードを出し過ぎてしまい，そのために
ストップができなくて転落したというような事情があれば，被害者
にも落ち度があります。

　そうすると，このような落ち度がある場合にも，被害者が受けた
損害全部についてYが賠償をしなければならないというのは公平の
観念に反します。

　そのようなことから，旧法においては，被害者側の落ち度を「過
失」と名付けて，損害賠償の減額を認めていました（旧法418条，
722条2項）。

　新法418条も，この過失相殺の規定を基本的には残しています。

　ただし，「過失」と言っても，実際の裁判では，損害発生につい
ての被害者の「寄与度」など「公平の観点から考慮すべき点」を取
り上げて判断する例が散見されました。

　そのため，「過失」という言葉を改めることも検討されましたが，
これに代えて「落ち度」や「寄与度」という言葉を使った場合でも，
損害賠償における公平を図ってきたすべての裁判例を説明すること
ができませんでした。したがって，他に適切な言葉がないので，文
言の改正は見送られました。

　ただし，かねてから，「損害の発生」のみならず「損害の拡大」
について被害者側に「過失」があった場合にも「過失」相殺が認め
られており，その点は新法418条で明記されました。たとえば，被
害者Xのけががそれ程ではないものの，事故後すぐにスキー場側に
連絡して救護を求めるべきであったのに，これをせずスキーを続け
たために，怪我が悪化した場合は，その損害の拡大について被害者
Xに「過失」があることになります。

　このように「損害の拡大」についても，被害者側の「過失」を考慮できることを明記した点は，分かりやすくなったと言えます。

　したがって，事例において，上記のような「過失」がXに認められる場合は，新法においても損害賠償額の減額がされます。

　なお，不法行為による損害賠償請求権の時効について，新法がいつから適用されるかに関しては，次の第14章で述べます。

■ この章のまとめ ■

・不法行為に基づく損害賠償請求権の消滅時効期間は，物損については「損害及び加害者を知った時」から3年，または「不法行為の時」から20年間です。

　　物的損害については，事故から3年以内に権利行使して下さい。

・安全配慮義務違反すなわち債務不履行による損害賠償請求権の場合は，新法により時効期間が「権利行使ができることを知った時から5年」となりました。その結果，時効期間が短縮されていますので，くれぐれも，時効にかからないよう注意して下さい。

　　ただし，事故から遅れて損害が発生した場合は，その「損害が発生したことを知った時」から5年間となります。

・人身損害については，不法行為と安全配慮義務違反による損害賠償請求権の消滅時効期間が，共通化されています。

　　すなわち，人身事故の被害者は，「損害及び加害者を知った時」（不法行為）または「権利行使ができることを知った時」（安全配慮義務違反）から5年間は，損害賠償請求ができます（ただし，不法行為の時または権利行使ができる時から20年間に限ります）。

・不法行為における「客観的起算点から 20 年」が「時効」期間とされたので，事故が起きて 20 年近く経った時（かつ主観的起算点からの時効が完成していないとき）は，被害者は，速やかに催告などをして時効の完成猶予を受けて下さい。

権利の種類	旧法	新法
安全配慮義務違反による損害賠償請求権（人身損害）	客観的起算点から 10 年	<u>主観的起算点から 5 年</u> <u>客観的起算点から 20 年</u>
不法行為による損害賠償請求権（人身損害）	主観的起算点から 3 年 客観的起算から 20 年	<u>主観的起算点から 5 年</u> 客観的起算点から 20 年
不法行為による損害賠償請求権（物的損害）	主観的起算点から 3 年 客観的起算から 20 年	主観的起算点から 3 年 客観的起算から 20 年

※アンダーライン部分が変更点です

第14章

新法における中間利息の控除と不法行為に
よる損害賠償請求権の経過措置について

　日本では，交通事故による損害賠償金は，通常は，後遺障害に
よって「将来に得られたであろう利益を失った分」すなわち逸失
（いっしつ）利益についての賠償を含めて，一括して支払いがされ
ています。

　そこで，被害者が，逸失利益の賠償金を現時点で一括して受けつ
つも，受け取った賠償金について将来に渡り利息を得ることができ
ることになるので，これを調整して公平化する必要が生じます。

　また，不法行為による損害賠償請求権については，新法の適用時
期について特別の定めがされています。

　以下，事例を挙げて，検討します。

事　例

甲（被害者）——————乙（加害者）

　甲が横断歩道を青信号で歩行していたところ，乙が不注意に
より自動車で甲をはねてしまい，怪我をさせました。

　(1)　この事故が起きて3年後に，甲の怪我について症状が固
定し，後遺障害が確定しました。

　　　そこで，甲が乙に対して，その症状固定から3年後に人
身損害について賠償請求訴訟を提起し，その3年後に訴訟
が終結しました。

　　　この間，法定利率が，事故時には3%，症状固定時には
4%，訴訟提起時には5%，訴訟終結時には6%と変動した

場合，後遺障害による逸失利益の算定における中間利息控除（意味は後ほど説明します）は，何％で計算されますか？

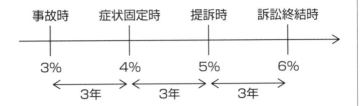

(2) 旧法下でこの事故が発生し，それから２年後に新法が施行され，その６ヶ月後に，甲が乙に対して人身損害について賠償請求をしました。

この請求権の時効期間については，旧法が適用されますか，それとも新法が適用されますか？

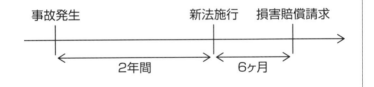

■ 中間利息の控除について ── 事例の(1) ■

事例の(1)においては，事故から３年後に甲の症状が固定し，後遺障害が確定しています。ちなみに，「症状固定」とは，「今後，回復方向での治療ができなくなったこと」を言い，その時点で甲に残存している障害を後遺障害と言います。

そして，この後遺障害が発生した場合，甲は，逸失利益について賠償請求できます。

すなわち，たとえば，交通事故により，「腕のひじ関節から手先までを失った」場合は，後遺障害５級に該当し，労働能力を92

パーセント失ったことになります。これにより「将来得られたであろう賃金がほとんど得られなくなります」ので，大きな逸失利益があることになります。

　この逸失利益についての損害賠償に関しては，日本では，将来の分も含めて一括して請求できることになっています（外国では，年金のように分割して長期間支払う例があります）。

　そうすると，被害者が，一括して受け取った賠償金について，将来に渡り利息を得ることが可能であることから，「将来得られたであろう利息分相当額を，賠償金から差し引く」ことが認められており，これを中間利息控除と言います。

　この点，旧法下の判例は，中間利息控除を法定利率（詳しくは第11章参照）によって定めるものとしていました。

　しかし，そのことは旧法には規定されていませんでしたので，これを明文化して分かりやすくしました。

　すなわち，新法417条の2は「中間利息控除の額を，法定利率をもとに計算する」旨を定めました。

　問題は，どの時点における法定利率によって計算するかです。

　と言うのも，変動利率制（第11章）を採用した新法のもとでは，この事例のように，事故時には3パーセントだった法定利率が，訴訟終結時までに変化することがあるからです。この事例のように急ピッチで変化することは，よほどの経済状況の変化がない限りありませんが，分りやすくするため，あえて，このような事例にしました。

　この点，新法417条の2第1項は，中間利息控除の算定をその損害賠償の「請求権が生じた時点における法定利率」によって行う旨を規定しました。

　そうすると，この事例では，損害賠償請求権が発生した時点，すなわち一般的には「事故の時点」の法定利率によって算定すべきこ

ととなります。これは，判例が「交通事故の場合においては，事故時に損害賠償請求権が発生する」ことを認めているからです。

したがって，この事例の中間利息控除の算定においては，事故時の3パーセントの法定利率が適用されます。

なお，一旦，この時点の法定利率によって中間利息控除することが決まった場合は，その後に法定利率がいかに変動しても，適用される利率は変わりません（詳しくは第11章参照）。

■ 不法行為による損害賠償請求権と中間利息控除の経過措置について――事例の(2) ■

この事例の(2)では，事故から2年後に新法が施行されています。

新法の施行日は，2020（令和2）年4月1日ですので，この事例の事故が2018年4月に発生していることになります。

そこで，新法の施行日が事故から2年後の場合，旧法が適用されるのか，それとも新法が適用されるのかが問題となります。

この点，新法の附則では，原則として，施行日前に発生した債権については旧法を適用し，施行日以後に発生した債権については新法を適用するとしています（附則10条1項ほか）。

たとえば，債権の消滅時効の期間については，債権が施行日前に生じた場合は旧法を，施行日以後に生じた場合は新法を，それぞれ適用します（附則10条4項参照）。これは，第3章で述べたように，国民の予測可能性を守るという趣旨に出るものです。

ただし，その「債権の発生原因である契約が，施行日前にされていた」場合には，たとえ「債権それ自体が施行日以後に発生」しても，旧法が適用されます（附則10条1項かっこ書き）。

たとえば，売買契約が施行日前にされていたが，施行日以後に，その契約に基づく債務不履行による損害賠償請求権が発生した場合には，債権自体は施行日以後に発生していますが，旧法が適用され

ます。契約の当事者は，売買契約の時に通用していた旧法によって，
それ以後の法律関係も決まると考えるのが通常であるからです。

　では，この事例のような不法行為に基づく損害賠償請求権の場合
はどうでしょうか。

　これについて附則は，別の考え方を採用しました。

　すなわち，不法行為に基づく損害賠償請求権については，新法の
施行日の時点で，旧法の時効期間（主観的起算点から3年または客観
的起算点から20年）が経過していない場合は，「不法行為（事故な
ど）が旧法下で発生」していても，新法を適用するとしています
（附則35条参照）。

　これは，不法行為だけについて言えば，次の2つの理由から，新
法の方が旧法よりも被害者を保護しており，できる限り新法を適用
した方が良いという判断がされたからです。

①　不法行為による損害賠償請求権の時効における「客観的起算
　　点から20年」の期間の意味について，旧法では除斥期間（判
　　例）とされていたものが，新法では明確に時効期間とされたこ
　　と

②　人身損害についての不法行為による損害賠償請求権の時効に
　　ついては，旧法では主観的起算点から「3年」とされていたも
　　のが，新法では「5年」とされたこと

（以上については第13章参照）

　そうすると，この事例の(2)の交通事故の場合，旧法下の事故によ
り不法行為による損害賠償請求権が発生していますが，施行日（事
故から2年後）に同法による時効が完成していません。したがって，
その請求権の時効期間については新法が適用されます。

　その結果，旧法下の事故であっても，人身損害についての不法行
為による損害賠償請求権は，「主観的起算点から5年または客観的

起算点から 20 年」という時効期間になります。

　もっとも，労災事故やスキー場事故などで，安全配慮義務違反に基づく損害賠償請求をする場合は，原則どおり労働契約やスキー場利用契約日を基準として新・旧法の適用を決めますので，旧法下で契約をした場合は旧法（客観的起算点から 10 年）が適用されます。したがって，この請求をする場合と，不法行為に基づいて請求する場合とでは，結論が異なります。

　しかし，これは，「適用する民法をどちらにするか」という割り切りが必要な問題ですので，一般の債権か，不法行為に基づく請求権かで一律に決めざるを得ず，やむを得ないと思われます。

　なお，スキー場の事故の事例のように，不法行為による損害賠償請求権と，安全配慮義務違反による損害賠償請求権の両方が認められる場合は，被害者は，いずれの請求権を行使するかを自由に選択できますので，自己に有利な方を選択すれば良いと言えます（この事例の交通事故の場合は，通常は，安全配慮義務違反は問題となりません）。

　また，中間利息控除についての新・旧法適用決定の基準時は，損害賠償請求権の発生時となります。したがって，旧法下の交通事故により損害賠償請求権が発生した（判例は事故時に発生するとしています）場合は，新法下で症状固定となっても，旧法の 5 パーセント固定の利率が適用されます。

　■ **この章のまとめ** ■

・中間利息控除の利率は，「損害賠償請求権が発生した時点」における法定利率によって定めます。交通事故による損害賠償請求の場合は，その請求権が発生した「事故時」の法定利率によって定めるのが一般的です。

・原則として，新法は，「施行日前に発生した債権」には適用
　されません（施行日以後に発生した債権でも，その原因となる
　契約が施行日前の場合は，新法は適用されません）。

・ただし，不法行為による損害賠償請求権の場合には，施行日
　に「旧法による時効期間（主観的起算点から3年）が満了して
　いない場合」または「除斥期間（客観的起算点から20年）が
　経過していない場合」は，新法が適用されます。

　　その場合，事故が旧法下で発生していても，人身損害につ
　いての損害賠償請求権の時効は，「損害及び加害者を知って
　から5年間」に延長されます（不法行為の時から20年は変わ
　りませんが，時効の更新や完成猶予ができます）。

第**15**章　新法における中小企業融資の担保のあり方
── 個人保証に代わる「将来債権の譲渡担保」

　ここで取り上げるのは,「将来発生する債権を譲渡する」制度についてです。これは,個人保証の問題と関連しますが,ややテクニカルなものですので,ここで述べます。

　まず,事例を挙げます。

事　例

債権者（第三者）D ——— 売主A　　売買代金債権　　買主B
　　　　　　　　　　　（債権の譲渡人）————————→（債務者）

　　　　　　　　　　　　　　　債権
　　　　　　　　　　　　　　　譲渡　↓

　　　　　　　　　　　　　　C銀行
　　　　　　　　　　　（債権の譲受人）

　中小企業のA社と,大手企業のB社は,Aが扱う商品について継続的に売買（売主はA,買主はB）をするために売買基本契約（有効期限5年間）を締結しました。

　そうしたところ,売主Aが本社ビルを建てることとなり,C銀行から5000万円の融資を受けることになりました。そして,その担保としてC銀行は,「A・B間の売買により,今後3年間に渡って発生する代金債権」を,一括して債権譲渡するよう求めて来ました（これを譲渡担保と言いますが,その意味につい

ては後述）。

(1) このような「将来の売買代金債権」（以下「将来債権」と
言います）は，譲渡できますか？

　その場合，債権を譲り受けたことを債務者（買主B）あ
るいは第三者D（Aの債権者）に主張・対抗するためには，
どのような手続をする必要がありますか？

(2) A・B間の売買基本契約において，「B（債務者）の承諾
がなければ，この契約により発生した売買代金債権を譲渡
できない」旨の特約が付されていました。

　このような特約は有効ですか？

　また，この特約に反して将来債権を譲渡した場合，譲渡
は有効ですか？

(3) このような特約が付いていた場合に，債権の譲渡人Aが，
譲受人Cに対し，「将来債権についてのA名義の譲渡通知
書」を交付しました。

　その2年後，債権の譲渡人Aが，譲受人C（銀行）に対
する融資の返済を怠ったので，C銀行は融資金回収のため
に，予め譲渡人Aから預かっていた「A名義の将来債権の
譲渡通知書」を債務者Bに送付し，かつ，その時点で履行
期限が到来しているものについて，その支払いを請求しま
した。

　これに対し，債務者Bは，どのように対応すれば良いで
すか？

(4) 上記(3)の場合に，債務者Bが，一方で債権の譲受人Cに
対して支払いを拒んでおきながら，他方で債権の譲渡人A
に対しても「すでに債権が譲渡されている」として支払い
を拒みました。

　譲受人Cは，どのような対抗手段を取ることができます

　　　か？

　　(5)　上記(3)の場合に，その後，経営が行き詰った債権の譲渡
　　　　人Aが破産手続開始決定を受けた場合，譲受人Cは，債務
　　　　者Bに対して何か請求できますか？

■ 債権の譲渡は可能か？ ■

　この事例を解説するに当たり，その前提となるいくつかの点につ
いて述べます。

　まず，売買代金債権などの債権（少なくとも現時点で発生している
もの）を譲渡することは，原則として可能です（旧法及び新法466条
1項本文）。

　その理由は，債権が「人に対する権利」であるとは言え，不動産
などと同様に，一個の財産であるからです。

　ただし，「ある人の肖像を描いてもらう」という債権など，その
性質から見て譲渡にふさわしくないと思われるものについては，譲
渡が認められません（旧法及び新法466条1項ただし書）。

　そして，債権譲渡というのは，「債権が同一性をもったまま譲渡
人Aから譲受人Cに移転する」ことを言います。したがって，債権
が譲渡されても，債務者Bにとっては支払い先が変わるだけで，債
務額が増えるなどの不利益は生じません。

　もっとも，「支払い先が変わってしまうと不便だ」と考える債務
者（B）は，債権者（A）との特約によって，「債権譲渡を禁止あ
るいは制限する」（譲渡制限特約と言います）ことが可能です（旧法
及び新法466条2項）。詳しくは事例(2)の解説で述べます。

　なお，新法466条の5は，銀行預金などの預貯金債権は，そもそ
も譲渡ができない旨を定めました。預貯金の場合，口座において頻
繁に入出金が行われることから，その預貯金債権について自由な譲

渡を認めると大きな混乱が生じるためです。

■ 債権譲渡の対抗要件とは？ ■

　ところで，譲受人Cが債務者Bに対して，いきなり「債権を譲り受けた」として支払いを求めても，債務者Bには「本当に，Cに債権が譲渡されたか否か」が分かりませんので，Cに支払いしてよいものか迷うことになります。

　そこで，民法は，債権を譲渡するには，譲渡人Aから債務者Bに対して，「債権をCに譲渡した旨を通知」するか，または譲渡について「債務者Bの承諾」を得なければならないとしています（旧法及び新法467条1項）。

　この通知あるいは承諾がない場合は，譲受人Cは，債権を譲り受けたことを債務者Bに主張（対抗）することができません。

　ただし，債権譲渡の際に，譲受人Cが，譲渡人Aから「A名義の譲渡通知書」を預かっておいて，これを債務者Bに送ることでも通知の要件は認められます。この場合，「譲渡人A名義の譲渡通知書」である以上は，その「Aの意思」でCに譲渡されたことが分るからです（その通知書が偽造されている場合は別ですが，ここではすべて真正なものとして述べます）。

　そして，この債権譲渡を債務者以外の第三者（Aの債権者Dなど）に対抗するためには，その通知または承諾を「確定日付のある証書」によってしなければなりません（旧法及び新法467条2項）。

　ここで，「確定日付のある証書」とは，「法律的に作成の日付が証明できるようなやり方で日付が付された証書」を言います。具体的には次のような方法があります。

①　債権譲渡の通知の場合

　　この場合，債権譲渡の通知を内容証明郵便で送付すると，郵便認証士（民法施行法5条6号）という資格のある者が日付印

を押すことにより日付が確実に証明できます。

②　債権譲渡の承諾の場合

　　「債権譲渡を承諾する」旨の文書に債務者Ｂが署名捺印し，この文書を譲受人Ｃなどが公証役場に持参して日付印を押して貰う場合は，公証人によって日付が確定されます。

■ 債権譲渡の登記について ■

　もっとも，この債権譲渡の第三者に対する対抗要件については，1998（平成10）年に，特別法（動産及び債権の譲渡の対抗要件に関する民法の特例等に関する法律）が制定されました。

　と言いますのも，民法上の通知・承諾の制度のみでは，債権の二重譲によるトラブルを十分に避けることができなかったからです。

　すなわち，債権も，不動産や動産と同じく複数の者（事例のＣとＤなど）に売買することができます（第1章参照）。

　もっとも，債権の二重譲渡の場合は，複数の内容証明郵便による通知が，債務者Ｂに届くことがあります。そうすると，債務者Ｂにとって「誰に支払えば良いかが分からない」事態が生じます。

　そこで，このような二重譲渡の場合に，判例は，譲渡の「通知が先に到達した譲受人」が優先するとしました。つまり，内容証明の「日付の先後」ではなく，譲渡の通知が債務者Ｂへ「到達した日の先後」で，譲受人の優劣を決めるという訳です。

　この点，債務者Ｂは，債務の支払い期限が来ていた場合には，遅延損害金（第11章参照）が発生しないようにするため，「先に譲渡の通知が来た者」に直ちに支払うことがあります。その場合に，内容証明の「日付の先後」で譲受人の優劣を決めるとすると，後から届いた内容証明の日付が，先に届いた内容証明の日付よりも前であった場合（郵便事情などにより，そのようなことがあります）には，「後から届いた方の譲受人」に支払いをしなければならなかったこ

ととなります。その結果，債務者Bは二重払いを強いられます。

そのようなことから，判例は，通知書の「日付の先後」ではなく，通知書の「到達日の先後」で譲受人の優劣を決めましたが，これはやむを得ないものと言えます。

こうして，民法上の通知制度では，「確定日付のある証書」により譲受人間の優劣を決めると言っても，内容証明の日付が決め手にはならないという分かりにくい状況となっていました。

そこで，このような事態を打開するために，法人がする金銭債権の譲渡について登記制度が設けられました。

すなわち，債権譲渡について登記制度を利用した場合は，債務者は，その「登記の日付」が先（古い方）の譲受人に対して支払えば足りますので，簡便です。

ただし，「第三者との優劣関係」は登記の先後で決まりますが，「債務者との関係」では登記の日付の先後では決まりません。なぜなら，単に登記がされただけでは，債務者が登記簿を見ない限り「譲受人Cに対して債権が譲渡されたか否か」が分からないからです。

そこで，この登記制度を利用した場合でも，「債権譲渡についての登記事項を証明した書類」（登記事項証明書と言います）を債務者Bに交付して通知をするか，あるいは債務者Bの承諾がなければ，Bに対して権利行使ができないこととしました。その点では，登記制度にも限界があります（改正の議論の過程では，金銭債権譲渡の第三者対抗要件を登記に一元化する案も出されましたが，問題点が指摘され見送りとなりました）。

■ サイレント方式の債権譲渡とは？ ■

ところで，実際の取引では，「サイレント方式の債権譲渡」と言って，譲渡の事実を債務者Bに知らせないようにして，債権譲渡

をする例が散見されます。

これは，譲渡人Ａが，譲受人Ｃ銀行からの融資の返済を順調に行っている間は，「譲受人Ｃが，譲渡人Ａ名義の通知書を預かったまま債務者Ｂに送らない」という方法です。

これは，債権譲渡したことを債務者Ｂに知らせると，債務者Ｂが譲渡人Ａの経営状況に不安を抱き，Ｂが大手企業などの場合には，それ以後の中小企業Ａとの取引を止めてしまうおそれがあるからです。

とくに，債権の譲渡担保の場合は，譲渡人Ａの事業の発展のために融資をする訳ですから，譲受人Ｃ銀行としても，譲渡人Ａの事業継続の支障とならないようサイレント方式による債権譲渡の方法を取らざるを得ません。以下，これらを前提に検討します。

■ 将来債権の譲渡は可能か？──事例の(1) ■

この事例の(1)のように，将来債権が譲渡できるかどうかですが，これについては旧法には規定がありませんでした。

この点，将来債権であっても，やはり一個の財産であり，原則としてその譲渡を認めるのが合理的ですので，判例はこれを認めて来ました。

しかし，このような判例があることは，国民一般には分らないので，新法466条の6は，「将来債権の譲渡が可能である」旨を定めました。

なお，債務者Ｂや第三者Ｄに対する「債権譲渡の主張・対抗の要件」は，上記で述べた「現在発生している債権」の譲渡と同じです（新法467条1項）。

ところで，この事例において，債権の譲渡人Ａは，5000万円の「借入金の担保として将来債権をＣ銀行に譲渡」しています。これは，「譲渡担保」と言って，「担保目的で債権を譲渡」したものです。

この場合，Ａ・Ｃ間の譲渡担保契約においては，しばしば「債権をＣ銀行に譲渡するものの，目的が担保であるので，譲渡人Ａの融資金返済について不履行がない限りは，譲渡人Ａが債務者Ｂに対して，日常的に債権を取り立てることを認める」という旨が定められます。

　そして，将来債権の譲渡は，このような譲渡担保の場合に多く見られます。つまり，現在発生している債権のみならず将来債権をも担保目的でＣ銀行に譲渡することができるとすることにより，譲渡人Ａがより多くの融資を受けることができるのです。

　また，Ｃ銀行としても，債務者Ｂが大手企業など資力がある場合は，将来においても回収不能となるおそれが少なく，担保としての価値が高いと考える訳です。

　もちろん，不動産を担保に融資する方が銀行にとってはより安全ですが，実際には中小企業の所有する不動産には，すでに担保が設定されている場合が多く，銀行が「他の担保」を求める例が散見されます。

　そのような場合，これまでの銀行は，中小企業に対し，しばしば個人保証を求め，中小企業もやむなくこれに応じていました。その結果，第４章で述べたような悲惨な状況が生じ，社会問題となった訳です。

　他方で，個人保証に依存してきたこれまでの銀行は，利息という利益を得ながらも，最終的には個人保証により融資金の回収を図ることにより，リスクだけを避けようとしてきたと言えます。

　しかし，これでは「銀行の事業は，リスクを避け利益のみを享受しようとする」ものであり，ビジネスとは言い難い状況でした。

　そこで，第４章で述べたように，金融庁の監督指針は「個人保証に頼らない融資慣行の確立」を求めており，経営者保証に関するガイドラインも「経営者保証をできる限り取らない」よう定めていま

す。

このような近時の状況から，新法は，第三者保証を原則として制限しました。

したがって，今後は，中小企業融資において担保を取ることが必要不可欠な場合は，個人保証に代わり，将来債権の譲渡担保を活用することを検討すべきです。

実際にも，「企業の保有する不動産と売掛債権とは，全企業ベースで見ると金額的には，ほぼ同じくらい」であり，「今後は，債権（や在庫）に担保を設定して融資を受ける ABL（Asset Based Lending）という方式が活用される方向となる」旨の指摘もあります（池田・民法はおもしろい 140 頁以下参照）。

以上を前提に，事例の(1)について考えます。

まず，譲渡人Aは，債務者Bに対する将来債権を，譲受人C（銀行）に譲渡することができます。

そして，この将来債権の譲渡を債務者Bに対抗するためには，債権譲について「通知」する（債権譲渡登記の場合は，登記事項証明書を債務者Bに交付する），あるいは「債務者Bの承諾」を得ることが必要です。ただし，債権の譲渡担保の場合は，通常はサイレント方式で行われますので，その場合にはA名義の債権譲渡通知書をCが預かったままとし，すぐには通知などをしません。

さらに，譲受人Cへの債権譲渡を，債務者以外の第三者Dに対抗するためには，譲渡人Aから債務者Bに対して「確定日付のある証書」によって通知する必要があります。なお，サイレント方式の場合，債務者Bの承諾書を取り付けることは，通常ありません。

■ 譲渡制限特約とは？──事例の(2) ■

次に，この事例(2)のように，「B（債務者）の承諾を得なければ，売買代金債権を譲渡できない」旨の特約が付されることがあります。

これは，債務者Bが大手企業で，債権者Aが中小企業の場合に多く見られます。

　と言うのも，債権譲渡されても支払うべき金額は変わらないものの，大手企業である債務者（B）が，「支払い先が変更されることになって別の支払手続が必要となる」とか，「二重譲渡がされた場合には混乱が生じる」など，「事務手続が面倒になる」と考え，取引先の中小企業（A）に対し，このような特約を交わすことを求める傾向があるからです。

　いわば，立場の強い債務者（大手企業B）が，弱い債権者（中小企業A）に対し，この特約を結ばせていたというのが実情です。

　このような譲渡制限特約は，民法上は，契約自由の原則により有効とされます（旧法及び新法466条2項）。

　ところが，この譲渡制限特約の効力については，旧法には規定がなく，判例は「これに反する債権譲渡は無効となる」としていました。

　しかし，これでは，「債権も一個の財産であって，原則として譲渡が自由である」という考え方と正面から矛盾します。

　そればかりか，上記で述べたように，実際には譲渡制限特約は，立場の強い債務者（大手企業B）が，弱い債権者（中小企業A）に対して，「事務手続の不便さ」などを理由に付けさせてきたものですので，これに反する譲渡を「無効」にするまでの必要はありません。

　のみならず，この事例のように，中小企業Aが，債権の譲渡担保により銀行Cから融資を受けようとしても，「譲渡制限特約により債権譲渡それ自体が無効になる」というのでは，今後において「個人保証に代えて，債権の譲渡担保を促進する」ことも困難となると思われます。

　そこで，新法は，債権の譲渡制限特約の効力を，債務者Bの「事務手続の煩雑さを回避するために必要な範囲」でのみ認めることと

しました。

すなわち，まず，新法は，譲渡制限特約に反して債権を譲渡した場合も，譲渡自体はあくまで「有効」としました。

ただし，譲受人（C）が，この特約の存在を知っていた場合，あるいは重大な過失によって知らなかった場合には，債務者Bが，譲受人Cに対して「支払いを拒むことができる」としました（新法466条3項）。

したがって，事例の(2)のような譲渡制限特約は有効です。ただし，この特約に反して債権の譲渡が行われた場合でも，新法下ではその債権譲渡は有効です。

■ 債務者の支払拒絶権と供託権とは？——事例の(3) ■

そこで，事例の(3)において，「譲受人Cが，譲渡制限特約があることを知っていた」場合は，債務者Bが売買代金の支払を拒むことができます。ただし，「譲受人Cが，特約があることを知っている」などの事情の存在は，債務者Bが立証しなければなりません。

ところが，そのような立証をすることについては困難が伴います。なぜなら，「譲渡制限特約を知っている」あるいは「知らなかった点に重過失がある」などは主観的な要件であり，客観的な要件に比べ一般的に立証が困難であるからです。もし債務者Bがこの要件を立証できなかった場合は，債務者Bの支払拒絶には根拠がなかったこととなり，譲受人Cから，債務の元本のみならず，実際に支払がされるまでの間の遅延損害金の請求を受けるなどの，リスクがあります。

そこで，新法466条の2第1項は，譲渡制限特約に反して債権が譲渡された場合，債務者Bが，その譲渡された債権の全額に相当する金銭を「供託できる」としてリスクを回避できるようにしました（＊）。

つまり，譲渡人Ａ（売主）の債務者Ｂ（買主）に対する売掛債権が仮に7000万円であり，かつ，履行期限が到来していた場合は，債務者Ｂ（買主）は，その7000万円を法務局に供託することができるのです。この供託により，債務者Ｂの売買代金債務が消滅しますので，その後に元本の二重払いや遅延損害金の支払を強いられることはありません。

　しかも，供託は「債務の履行地」ですべきところ，これが「債権者の現住所」とされている場合（特約がない限り，金銭の支払債務の履行地は「債権者の現在の住所」です）は，債務者Ｂは，「譲渡人Ａの現住所を管轄する法務局」に供託できます。これにより，わざわざ「譲受人Ｃの現住所」（遠隔地の場合もあります）の法務局に出向く必要がありませんので便利です。

　この供託をしたときは，債務者Ｂは，速やかにその旨を「譲渡人Ａと譲受人Ｃに通知」しなければなりません（同条2項）。ただし，債権譲渡が有効である以上は，供託された金銭について法務局に支払を請求できるのは，譲受人Ｃのみとなります（同条3項）。

　こうして，新法の下では，譲渡制限特約が付された債権の債務者Ｂは，譲受人Ｃが「譲渡制限特約があることを知っている」などを立証するよりも，弁済期限が到来したものから，直ちに全額を供託をして自己の債務を消滅させれば良いことになります。

　したがって，譲渡制限特約が付された債権であっても，これを譲渡担保により取得した譲受人のＣ銀行は，この供託された金銭から自己の債権額に相当する金額の支払を受けることにより，融資金の回収ができます。

　それ故，この事例の(3)では，債務者Ｂが，「譲受人Ｃが特約の存在を知っている」ことなどを立証して支払を拒むことができますが，履行期が来た債務の全額を供託して，債務を免れることができます。この供託の方がリスクが圧倒的に少なく，便利です。

　今後は，譲渡制限特約がある債権の譲渡担保の場合，債務者Bが債務の全額を供託することが見込まれますので，C銀行においても融資金の回収がスムーズにできることになります。

　このようなことから，中小企業への融資において，担保の設定が必要不可欠の場合，銀行も，個人保証に代えて将来債権（や在庫）を担保として積極的に活用することができ，かつ，そうすべきです。

　＊　なお，民法では，従来から「債権者が誰かを知る（確知する）ことができない」ときには，債務者は供託をすることができました（旧法及び新法494条）。
　　　しかし，新法のもとでは，「譲渡制限特約に反する債権譲渡も有効」ですから，「債権者が誰かを知ることができない」とは言えません。したがって，同条を理由に供託することは理論的には認められませんので，注意が必要です。

■ 譲受人による催告について──事例の(4) ■

　上記のとおり，新法の下では，「譲受人Cが，譲渡制限特約があることを知っている」などを債務者Bが立証できた場合には，Cの支払請求を拒むことができます。

　他方で，新法下では，売買代金債権は譲渡人Aから譲受人Cに譲渡されていますので，譲渡人Aは債権を失っていることになり，債務者Bに請求できないことになります。

　そうすると，債務者Bが，一方で譲受人Cに対して，「譲渡制限特約があることを知っている」などを理由に支払いを拒みながら，他方で「債権が譲渡されている」ことを理由に譲渡人Aの請求にも応じず，一切の支払いを免れるという不当な事態が生じるおそれがあります。

　そこで，新法466条4項は，このような不当な事態が生じないようにするための規定を設けました。

すなわち，譲受人Ｃは，債務者Ｂに対して，相当の期間を定めて「譲渡人Ａへ履行する」よう催告することができるとし，この相当期間内に譲渡人Ａに対して履行がされない場合は，債務者Ｂは譲受人Ｃからの支払請求を拒むことができない旨を規定しました。

　ただし，あくまで「譲渡人Ａに対して履行する」よう求めなければ，この催告をしたことにはなりませんので，注意が必要です。

　なお，上記のとおり，債務者Ｂには供託権がありますので，そのような催告があった場合は，直ちに供託して債務を消滅させることができますので，あえてＡに支払う必要はありません。

■ 譲受人の供託請求について──事例の(5) ■

　この事例(5)においては，譲渡人Ａが，経営に行き詰まり破産手続開始決定を受けています。このような決定があった場合に，譲受人Ｃが債務者Ｂに対して，どのような請求ができるかが問題です。

　この点，旧法では，譲渡制限特約が付されていた場合には，「譲渡人Ａから譲受人Ｃへの債権譲渡は無効」とされていました。そのため，Ａの破産管財人（Ａの財産を管理・処分する一切の権限を有します）が，債務者Ｂに対して売買代金債権の支払いを請求し，債務者Ｂがこれに応じてＡの破産管財人に代金を支払っていました。

　ところが，譲渡人Ａと譲受人Ｃとの関係では，すでに売買代金債権が譲渡されており，Ａの破産管財人が債務者Ｂから受け取った金銭をそのまま保有し続けることは合理的理由がありませんでした。

　そこで，Ａの破産管財人が受領した金銭について，譲受人Ｃが，破産管財人に対して引渡請求権を有するとされ，これに応じて破産管財人が譲受人Ｃと協議して，「ある程度の金銭を破産財団に入れて貰う代わりに残額を譲受人Ｃに引き渡す」ことで合意し，問題を解決していました。

　このような処理は，破産管財人側にとってはメリットがありまし

たが，譲受人Cにとっては納得しがたい面がありました。

これに対し，新法のもとでは，譲渡制限特約が付された債権の譲渡も有効ですので，Aの破産管財人が債務者Bに対し，支払を請求することはできません。

そこで，事態を簡単に解決するために，新法466条の3は，譲渡人Aが破産手続開始決定を受けたときは，債権全額を譲り受けたC（ただし，内容証明郵便で「A名義の譲渡通知書」を送るなど，第三者対抗要件を備えた者）が，債務者Bに対し，その「債権全額に相当する金銭の供託を請求できる」旨を規定しました。

したがって，事例の(5)においては，譲受人Cが債権全額を譲り受け，かつ，第三者対抗要件（確定日付ある通知など）を備えているときは，債務者Bに対し，その債権全額を供託するよう請求することができます。

また，債務者Bとしても，このような供託請求に応じて供託すれば，売買代金債務を消滅させることができますので，便利です。

このように，譲渡人Aが破産した場合も，C銀行としては対応策が取れますので，融資金の回収に特段の問題はありません。

以上のことから，今後は，中小企業の融資において不動産担保以外の担保を設定することが必要不可欠である場合，個人保証ではなく，将来債権などの譲渡担保を行うべきものと思われます。

■ 債権譲渡に関する経過措置について ■

第2章で述べたように，新法は，原則として，「施行日以後に発生した債権」（ただし，旧法下で締結された契約により発生したものを除く）に適用されます。

しかし，債権譲渡に関する新法については，附則22条に特別な規定が設けられました。

すなわち，施行日前に発生した債権であっても，施行日以後にこ

の債権が譲渡されれば，新法が適用されます。たとえば，売買代金債権が 2020 年 3 月に発生した場合でも，この債権を同年 4 月 1 日以後に譲渡（譲渡担保含む）すれば，新法が適用されます。

　なぜ，債権譲渡について，このような特別の定めをしたかと言うと，「譲渡制限特約に反する債権譲渡も有効である」とする新法を，できる限り早期に適用する必要があるからです。このことにより，債権譲渡を円滑にし，個人保証に代えて債権譲渡担保が活用されるようになると思われます。

　そうすると，旧法下でＡ・Ｂ間で売買基本契約が締結され，これに「売買代金債権の譲渡を禁止する」旨の特約が付されたところ，この基本契約に基づいて個別の売買契約がされ，旧法下で売買代金債権が発生した場合であっても，この債権を新法下で譲渡したときは，新法が適用されます。その結果，譲渡禁止特約に反する債権譲渡も有効となります。

　もっとも，新法により，債務者Ｂは，譲渡制限特約が付された債権について，全額を供託して自己の債務を免れることができるので，特に不利益を受けることはありません。譲渡人Ａが破産した場合も，譲受人Ｃは，債務者Ｂに対して債権の全額を供託するよう請求できるので，この点でも不利益はありません。

■この章のまとめ■

・将来債権の譲渡は可能であり，その債務者に対する権利行使の要件（通知・承諾など）や第三者対抗要件（確定日付による通知や承諾・登記）も，既に発生している債権の譲渡と全く同じです。
・債権に譲渡制限特約を付すことは可能ですが，これに反する債権譲渡も新法下では有効です。債務者は，譲受人がこの特

　　約を知っているなどの場合に，支払を拒むことができるのみ
　　です。

・債務者としては，譲渡制限特約に反して債権が譲渡された場
　合は，支払をすべき金額（全額）を供託をして債務を免れ，
　紛争に関わらないようにすることができ，かつ，その方が簡
　便です。

・譲渡制限特約が付された債権の譲渡人が破産手続開始の決定
　を受けたときは，第三者対抗要件を備えた譲受人は，債務者
　に対し，債権の全額を供託するよう請求できます。

・このようなことから，今後，中小企業の融資において担保設
　定が必要不可欠な場合は，個人保証に代えて，債権の譲渡担
　保を活用するべきです。

第16章 新法下で債権者を害する行為が行われた場合

経営危機に陥った債務者（取引先）が，「債権者を害する行為」をする例が見られます。

このような場合に，債権者を保護する制度が，詐害（さがい）行為取消権の制度です。

この問題は，テクニカルな内容を含みますが，重要な改正がされていますので，4つの事例を挙げて説明します。

事例その1

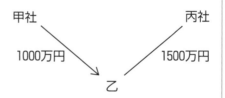

甲社は，個人事業を営む乙に対して1000万円の貸し付けをしていました。ところが，乙が経営に行き詰まり，乙が保有していた唯一の財産である1500万円の現金を，乙が設立した同族会社の丙社に送金（表面上の理由は金銭貸付）しました。

(1) 乙が，この送金行為によって債務超過状態となりましたが，この場合，甲は，誰に対して，どのような請求訴訟を提起することができますか？

また，この訴訟提起に際して，甲は，乙に対し，何か手続を取る必要がありますか？

に基づき，甲が丙に対し 1000 万円の支払いを請求しまし
た。ところが，丙は，乙に対して，送金を受けた 1500 万
円全額を返還しようとしています。

　甲は，そのような「丙による乙への金銭の返還」を防止
することができますか？

■ 詐害行為取消権とは？ ── 事例の(1) ■

　この事例の(1)の場合には，乙は唯一の財産である現金を，同族会
社の丙社に送金しています。これにより，乙は，債務が資力を上回
る債務超過状態となっています。

　そして，債務者乙が債務超過となったことにより，債権者甲は，
債務者乙に対する貸付金を，現実に回収することが困難となってい
ます。

　すなわち，この債務者乙による送金行為は，債権者甲を害する行
為であり，債務者乙はもちろん同族会社の丙も，当然ながら債権者
甲を害することを知っていると言えます。このような「債権者を害
することを知ってした行為」を，詐害行為と言います。

　なお，丙のように，詐害行為によって利益を得た者を「受益者」
と言います（その受益者からさらに財産を転得した者があった場合は，
その者を「転得者」と言います）。

　そして，民法は，このような詐害行為があった場合，債権者甲は
「詐害行為の取消を裁判所に請求できる」としています（旧法及び
新法 424 条 1 項）。この権利を詐害行為取消権と言います。

　ところが，旧法においては，詐害行為取消権について，わずかに
3ヶ条しかなく，その権利の内容，効果などが条文からは良く分か
らない状態でした。

　そこで，色々な判例が出されましたが，その中には問題があるものもあり，一般の方はもとより，実務家にとっても難解な制度でした。

　たとえば，判例は，詐害行為取消権を「詐害行為を取り消して，受益者などに対して財産の返還を求めることができる権利」としていました。

　これによると，事例の(1)の送金行為が詐害行為に当たる場合は，甲社が「詐害行為を取り消す」ことができ，かつ，受益者丙に対し「金銭を返還するよう請求できる」ことになります（それ自体は妥当です）。

　そして，判例は，詐害行為取消権に基づいて訴訟を提起する場合は，債務者乙に対して訴訟を提起する必要はなく，受益者丙を被告とすれば足りるとしていました。

　この点，確かに，債務者乙は，自己の財産を処分して無資力になっており，そのために被告として訴えられても裁判所に出頭しない傾向があります。そのような債務者乙を「必ず被告にしなければならない」とすると，債権者甲が，共同被告の債務者乙を除外したまま，「受益者丙との間で裁判上の和解をして事件を解決する」ことなどが困難となります。

　このことから，判例は，「債務者乙を被告とする必要がない」とした訳です。これも，もちろん妥当です。

　ところが，そのことから判例は，「詐害行為取消の効力は，受益者丙には及ぶが，債務者乙には及ばない」旨を判示しました。債務者乙を被告としていない以上は，その訴訟に参加していない債務者（乙）に「判決の効力を及ぼすことができない」というのが，その理由です。

　しかし，「債務者（乙）には効力が及ばない」とすると，この事例とは異なり，たとえば，債務者乙が，「自己所有の唯一の不動産

を，受益者丙に贈与して債務超過状態となった場合」には，その贈与が詐害行為として取り消されても，不動産を「債務者乙の名義」に戻すよう請求することができなくなるはずです。

しかし，これは，実際には，判例が「不動産の名義を，債務者乙に戻すことを認めている」ことと矛盾しており，問題がありました。

そこで，新法は，この矛盾を解消しました。

すなわち，新法は，次の2つの点を並行して定めました。

① 詐害行為取消訴訟においては，「債務者乙を被告とする必要はない」（新法424条の7第1項）

② 詐害行為取消を認める判決（認容判決）の効力は，債務者乙にも及ぶ（新法425条）。

これにより，「判決の効力が債務者乙に及ばない」とする従来の判例の考え方は，その限度で否定されたと言えます。

ただし，「債務者乙が，詐害行為取消訴訟が提起されたことを全く知らされていないのに，その取消判決の効力を受ける」とするのは，その債務者にとって一種の不意打ちになります。

そこで，新法は，債権者甲が詐害行為取消訴訟を提起したときは，速やかに，債務者乙に，所定の方式で告知（訴訟告知と言います）しなければならない旨を規定しました（新法424条の7第2項）。

これにより，債務者乙において，仮にそれが詐害行為であることに異議がある場合には，自ら訴訟に参加して異議を述べる機会が与えられますので，不意打ちは防止できます。

なお，新法は，詐害行為取消によって，「受益者丙に対して金銭の支払いを請求できる」場合には，債権者甲が「受益者丙に対して，直接に，その支払いを請求できる」旨を規定しました（新法424条の9第1項）。これも，これまでの判例を明文化して分かりやすくしたものです。

そのような点を前提に，事例の(1)を検討します。

まず，この事例では，債務者乙が1500万円を同族会社の丙に送金して債務超過状態となっています。このような送金行為は，乙と丙が，「債権者甲を害することを知ってした行為」と言え，詐害行為に該当します（送金行為が詐害行為に当たるとして，その取消を認めた裁判例があります）。

なお，旧法では，「法律行為」（契約など）の取消ができる旨が規定され，あたかも法律行為以外の行為（送金行為自体も，契約などの法律行為ではありません）は，取消ができないかのようにも読めました。

しかし，実際には，判例では，法律行為以外の行為も詐害行為に該当するとされてきましたので，新法は，単に「行為」の取り消しができると規定し，分かりやすくしました（新法424条1項）。

したがって，事例の(1)では，債権者甲は，受益者丙を被告として詐害行為である「送金行為」の取消を求めて提訴することができ，債務者乙を被告とする必要はありません。

ただし，その提訴の際には，債務者乙に対し，丙に対する訴訟提起をした旨を告知（訴訟告知）しなければなりません。

■ 直接請求とその問題点——事例の(2) ■

上記のとおり，新法は，債権者甲が受益者丙に対し，直接に金銭支払いを請求することができる旨を規定しました（ただし，自己の債権額の範囲内に限られます。新法424条の8第1項）。

そうすると，事例の(2)では，債権者甲が，受益者丙に対し，自己の債権額の範囲内である1000万円の限度で，これを直接に支払うよう請求することができます。

そして，債権者甲が，受益者丙から直接に金銭を受け取った場合，旧法下では，「債権者甲が，相殺によって優先的に債権回収ができ

る」とされてきました。

　すなわち，債権者甲が受け取った 1000 万円は，本来は債務者乙の財産であって，債務者乙へ返還すべきものであるところ，甲が，債務者乙に対する貸金債権（1000 万円）を有しているので，その「貸金債権と返還債務との間で相殺をすることができる」と言う訳です。

　このような相殺ができることについては，新法においても特に明記はされていませんが，これを禁止する規定もありませんので，相殺を認める考え方は維持されると思われます。

　ただし，新法では，先ほども述べたように，詐害行為取消の「認容判決の効力が債務者乙に及ぶ」こととなりました。そうすると，詐害行為取消の認容判決が確定したときは，「債務者乙にとっても詐害行為であることが確定」しますので，債務者乙も受益者丙に対して，当然に金銭の返還を請求できることになります。

　もちろん，「訴訟に参加していない債務者乙が，認容判決が確定した途端に，受益者丙に対して，突如として返還請求する」などのことは考えられないという見方もあるでしょう。

　しかし，詐害行為をするような債務者乙は，どこまでも債権者甲に抵抗しようと，先に受益者丙から金銭を受け取って，隠匿（いんとく）するなどの不正行為をする場合があるのです。

　そこで，このような不正行為を防止するために，新法のもとでは，債権者甲は，詐害行為取消訴訟と並行して，債務者乙の受益者丙に対する金銭返還請求権を「仮差押え」する必要があります。

　この仮差押えとは，「将来において債権者の勝訴判決が確定しても，債権回収ができなくなるおそれがある場合に，裁判所に申立をして債務者の財産を仮に差し押さえてもらう手続」です。そして，債務者乙の受益者丙に対する金銭返還請求権は，「詐害行為取消の認容判決が確定することを条件として発生する」ものと考えられま

す。このような「条件付き債権」を，債権者甲が仮差押えすること
を認めることにより，「受益者丙から債務者乙への金銭の返還」を
止めることができるのです。

　このような仮差押えの手続は，新法のもとでは，遅くとも詐害行
為取消の「勝訴判決が見込める段階」になったときは，債権者甲に
とって必要不可欠なものと思われます。

　もちろん，この「条件付き債権の仮差押え」が認められるか否か
については，色々な意見がありますが，私としては仮差押えを認め
て債権者を保護するのが妥当と考えます。

■ 不動産の売却と詐害行為 ■

　次に，「債務者所有の不動産が，時価額で売却された場合」にも，
詐害行為の成立が認められるか否かを検討します。事例を挙げます。

事例その2

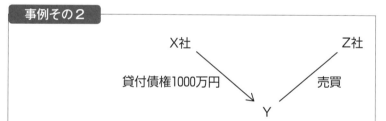

　X社は，個人事業を営むYに対して，1000万円の貸し付け
をしていました。ところが，Yは，その経営が苦しくなり，自
ら所有する土地（時価1500万円）をZ社に代金1500万円で売
却しました。
　この場合に，Xは，Zに対して，詐害行為取消権を行使でき
ますか？

　この事例のように，債務者Yが，その所有不動産を時価額で受益
者Zに売却した場合に，これが詐害行為となるか否かが問題です。

すなわち，この場合，債務者Yは，1500万円の不動産の売却と引き換えに，これに見合う代金1500万円を得ています。したがって，債務者の財産が減少したとは言えず，これを詐害行為とするのは問題があります。

ところが，判例はそうとは考えませんでした。

すなわち，判例は，「時価での売却行為も，原則として詐害行為に当たる」としました。なぜなら，不動産を金銭に換えると，債務者Yがこれを隠匿などをしやすくなると考えたからです。

ただし，判例も，「その売却の目的や動機が正当なものである」場合は，例外的に詐害行為に当たらないとしています（中田・債権249頁）。

しかし，時価にて行われた売却行為が，正当ではない目的や動機で行われた場合というのは，具体的にどのような場合を指すのか明らかではありません。そのため，ともすると「売却代金を，その後に弁済に充てたか否か」などの事後の事情を考慮して，詐害行為か否かを判断することになりかねない状況でした。

そうすると，目的物の売却の当時ではなく，その「売却後の事情」で詐害行為となるか否かが決まることになりかねず，債務者Yや受益者Zなどが，あまりにも不安的な状態に置かれることになります。

そこで，新法424条の2は，このような時価額での目的物の売却は，原則として詐害行為に当たらないとし，以下の①から③の全ての要件に該当する例外的な場合にのみ，詐害行為に当たるとしました。

① 目的物の売却により，債務者がこれを隠匿などをするおそれを「現に生じさせる」ものであること。

② 債務者が，その「売却の当時」，対価として得た金銭を隠匿などする意思を有していたこと。

③　受益者が，その「売却の当時」，債務者が隠匿などをする意
　思を有していたことを知っていたこと。

　これらの要件は，売却の当時における隠匿などの意思や現実的な
おそれを問題としていますので，「売却後の事情」によって判断が
左右されません。
　したがって，債務者Ｙや受益者Ｚの地位が著しく不安定になると
いう問題は解消されたと言えます。
　ただし，この事例において，Ｙが，当初から代金 1500 万円を隠
匿する意思などを有しており，Ｚも「そのＹの意思を知って」土地
を買い受けるなどの協力をした場合には，上記①から③に該当し，
例外的に詐害行為が成立します。

■ 弁済と詐害行為 ■
　次に，債務者の弁済という行為が，詐害行為に当たる場合がある
か否かについて，解説します。事例を挙げます。

事例その３

E社　　　　　　　　　　　　　　　　G社

1000万円　　　　　　　　　　　2000万円

F

　Ｅ社は，個人事業を営むＦに対して，1000 万円の貸し付け
をしていました。また，ＦはＧ社からも 2000 万円を借り入れ
ていました。
　その後，Ｆは経営が苦しくなり，Ｇから今後の支援を受ける
ために，Ｆが保有していた現金 1000 万円を支払期限にＧに弁

済し，債務超過状態となりました。

　Eは，Gに対して，詐害行為取消権を行使できますか？

　この事例では，債務者Fは，Eとは別の債権者であるGに対して，支払期限が到来した債務について弁済をしています。

　このような支払期限の到来した債務についての弁済は，債務者としてなすべきことをするもので，義務行為と言います。

　この弁済が詐害行為となるか否かですが，これが義務行為であり，かつ，弁済によって資産（事例では1000万円の現金）が減少する代わりに，債務も同程度に減少しており，詐害行為にはならないと考えるのが自然でしょう。

　ところが，判例は，「弁済は原則として詐害行為にならない」としつつも，「債務者が債権者のうちの一部と通謀し，他の債権者を害する意思（通謀害意と言います）をもって弁済した場合」は，詐害行為になるとしました（中田・債権251頁）。

　しかし，原則として詐害行為にならないとは言っても，主観的な要件である「通謀害意」がありさえすれば詐害行為が成立するというのでは，債務者Fや受益者Gなどの立場を著しく不安定にします。

　特に，この事例のように，債務者Fが支援を表明している債権者Gに対して支払期日に弁済した場合に，他の債権者Eがいることは分かっている場合が多く，「通謀害意があった」として取り消され，弁済の効力が否定されるのは問題があります。このような場合にまで取消が認められると，債務者が特定の債権者の支援を受けて再生することが困難となるからです。

　そこで，新法424条の3第1項は，例外的に詐害行為が認められる要件として，「通謀害意」のみならず「支払不能」という客観的な要件を掲げました。

　すなわち，同項1号は，その弁済が，「債務者が支払不能の時」

に行われた場合に限り，詐害行為に当たるとしました。ここで，支払不能とは，「債務者が支払能力を欠くために，その債務のうち弁済期にあるものにつき，一般的かつ継続的に弁済することができない状態」を言います。

この支払不能という言葉も，一般の方々には分かりやすいとは言えませんが，経営が破綻している状態をイメージしていただければ結構です。

そうすると，弁済できない状態がある程度継続することが必要ですので，一時的な資金不足の場合はこれに当たりません。ただし，借入れによれば一時的に支払期限を乗り切れるとしても，その後の支払期限には弁済ができない場合には，支払不能となります。

したがって，債務者Ｆの経営が破綻するなどして支払能力を欠き，一般的・継続的に弁済ができない状態にある場合は，「債務者Ｆと受益者Ｇに通謀害意があることを条件に」詐害行為が成立します。これは，主観的要件だけで詐害行為の成立・不成立を決めるものではないので，妥当です。

■ 期限前弁済の場合 ■

これに対し，事例と異なり，債務者Ｆが，「支払期限が来ていない」のに債権者Ｇの支援を受けようとして，あえて弁済した場合は，どうでしょうか。

この場合は，債務の弁済期が来ていませんから，債務者Ｆにはその時点では支払義務はなく，それでも任意で支払うのは非義務行為ということになります。

そうすると，このような非義務行為については，債務者Ｆが支払不能となる以前であっても，一定の要件を充たせば詐害行為であると認めて良い場合が出てきます。

すなわち，新法424条の3第2項は，非義務行為については，

「債務者Fが支払不能になる前30日以内」に行われたもので，かつ，「債務者Fと受益者Gに通謀害意」が認められるときは，詐害行為に当たるとしました。

この点，なぜ30日という基準が立てられたかと言いますと，これは破産法162条1項2号を参考にしたものです。つまり，支払不能の状態とまでは言えないものの，「その前30日以内に行われる非義務行為」は，債権者を害するものと考えて良いとして割り切ったものです。

■ 過大な代物弁済と詐害行為 ■

最後に，代物弁済（意味は後述します）が詐害行為に当たる場合があるか否かを検討します。事例を挙げます。

事例その4

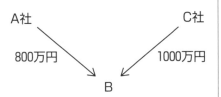

A社は，個人事業を営むBに対して金800万円を貸し付けていました。また，Bは，C社からも1000万円を借り入れていました。

ところが，Bの経営が苦しくなり，Cから今後の支援を受けるために，Cからの借入債務（1000万円）の弁済に代えて，Bが所有していた土地（時価1500万円）をCに引き渡しました。これにより，Bは債務超過状態となりました。

この場合に，Aは，Cに対して，詐害行為取消権を行使できますか？

　まず，代物弁済とは，債務者が，債権者に対し，債務の返済に代えて不動産などの目的物を引き渡すことにより，自己の債務を消滅させる行為です。

　ただし，弁済期が到来した債務の弁済と異なり，代物弁済は，必ずしも債務者に義務づけられていません。したがって，非義務行為に当たります。

　そこで，事例のように，経営が苦しくなった債務者Bが，一部の債権者Cから継続的に支援を受けるために代物弁済をすることがあり，このような場合にも詐害行為が成立するか否かが問題となります。

　この点，判例は「一般の債権者に対する代物弁済は，目的物の価格が釣り合っている場合であっても，他の債権者を害する意思があれば詐害行為になる」旨を述べています（中田・債権251頁参照）。

　そのため，旧法のもとでは，原則的には代物弁済が詐害行為になる可能性が高い状況でした。

　しかし，代物弁済のうち，債務額よりも過大な物を引き渡す場合は，その過大な限度で詐害行為となることを認めて良いと思われますが，時価額の範囲内で行われた代物弁済は，そうとは言えません。時価額の範囲内であれば，先ほどの「時価額での目的物の売却」と同様に考えられるからです。

　そこで，新法424条の4は，この点について明確なルールを規定しました。

　すなわち，まず同条は，「代物弁済の目的物の価格が，債務額よりも過大な場合」は，少なくともその限度で，基本的に詐害行為に当たる旨を明示しました。

　ただし，同条の法文上は「424条（詐害行為取消請求）に規定する要件に該当するとき」とありますので，「他の債権者を害する意思」も別途に必要です。もっとも，過大部分は，いわば「無償で財

217

産を引き渡す」のと同様ですので，少なくとも債権者を害する意思が事実上推定されると思われます。

　この事例においては，債務者Bは，受益者Cに対し，1000万円の債務の弁済に代えて時価1500万円の土地を引き渡しているのですから，差額500万円の限度で過大な代物弁済に当たります。したがって，その限度で詐害行為として取消されます。

　ただし，過大でない部分1000万円が詐害行為に当たらないとされる場合は，債務者Bから受益者Cに引き渡された土地を，債務者Bの名義に返還させることはできません。

　それ故，この場合は，受益者Cが，その過大な部分に相当する額の金銭（500万円）を支払う義務（償還義務と言います）を負うことになります（新法424条の6第1項後段）。

■ 補足　時価額の範囲内で行われた代物弁済 ■

　では，事例と異なり，仮にこの土地の時価が1000万円であり，これを受益者C（債権額1000万円）に代物弁済として引き渡した場合は，詐害行為が成立するでしょうか。

　この代物弁済は，時価額で行われていますが，先ほども述べたように非義務行為にあたります。

　まず，少くとも，この代物弁済は，1000万円の債務の弁済と同視できるので，「支払不能」の状態で代物弁済が行われた場合には，債務者と受益者に通謀害意が認められることを条件に，詐害行為取消ができます。

　のみならず，事例その3で述べた「期限前弁済」（新法423条の3第2項）と同様の要件を充たす場合も，詐害行為に当たります。つまり，代物弁済が「支払不能になる前30日以内」に行われ，かつ，債務者Bと受益者Cに「通謀害意」が認められれば，詐害行為取消ができます。なぜなら，非義務行為である以上は，期限前弁済と同

様に考えられるからです。

■ 詐害行為に関する経過措置について ■

　詐害行為についての新・旧法適用の基準時は，詐害行為時です（附則19条）。すなわち，詐害行為取消によって保全しようとする債権（被保全債権と言います）が，施行日前に発生していても，詐害行為が新法下でされれば，新法が適用されます。

　その理由は，被保全債権の発生日を基準とすると，特定の債務者に対する債権者が複数おり，いずれも詐害行為取消を主張できる状況にある場合は，施行日前に発生した被保全債権には旧法を，施行日以後に発生した被保全債権には新法を，それぞれ適用すべきこととなります。そうすると，被保全債権の債権者ごとに適用される法律が異なってしまい，混乱が生じるからです。

　このように，債権の発生日を基準とする訳ではありませんので，注意が必要です。

■ この章のまとめ ■

・詐害行為取消訴訟では，債務者を被告とする必要はありませんが，訴訟提起したことを所定の手続で告知（訴訟告知）することが必要です。

・詐害行為取消により，受益者などに対し「直接に金銭の引渡を求めることができる場合」は，遅くとも勝訴判決を受ける見込みが出てきた段階で，「債務者の受益者に対する金銭返還請求権」を仮差押えする必要があります。

・債務者が，自己の所有財産を時価額で受益者に譲渡した場合は，原則として詐害行為になりません。

・債務者が，受益者に，返済期日に債務の弁済をした場合も，

原則として詐害行為になりません。
・債務者が，受益者に対して過大な代物弁済をした場合は，その過大な限度で詐害行為になります。

◆ 新法条文と旧法条文の対照表 ◆

＊各章ごとに関連する主な条文を挙げています。

条文ごとに太文字で，全面改正，新設，一部改正の区別をしています（ただし，その区別は相対的なものです）。

一部改正のみ，改正部分をアンダーラインで示しています。

第2章　120年ぶりに改正された理由と原案の問題点は？

新法条文	旧法条文
（債務不履行による損害賠償） **第415条　1項は一部改正，2項は新設** 1　債務者がその債務の本旨に従った履行をしないとき<u>又は債務の履行が不能であるとき</u>は，債権者は，これによって生じた損害の賠償を請求することができる。<u>ただし，その債務の不履行が契約その他の債務の発生原因及び取引上の社会通念に照らして債務者の責めに帰することができない事由によるものであるときは，この限りでない。</u> 2　前項の規定により損害賠償の請求をすることができる場合において，債権者は，次に掲げるときは，債務の履行に代わる損害賠償の請求をすることができる。 (1)債務の履行が不能であるとき。 (2)債務者がその債務の履行を拒絶する意思を明確に表示したとき。 (3)債務が契約によって生じたものである場合において，その契約が解除され，又は債務の不履行による契約の解除権が発生した	（債務不履行による損害賠償） **第415条** 　債務者がその債務の本旨に従った履行をしないときは，債権者は，これによって生じた損害の賠償を請求することができる。<u>債務者の責めに帰すべき事由によって履行をすることができなくなったときも，同様とする。</u>

とき。	
（損害賠償の範囲） **第416条　一部改正** 1　［改正なし］ 2　特別の事情によって生じた損害であっても，当事者がその事情を予見すべきであったときは，債権者は，その賠償を請求することができる。	（損害賠償の範囲） **第416条** 1　債務の不履行に対する損害賠償の請求は，これによって通常生ずべき損害の賠償をさせることをその目的とする。 2　特別の事情によって生じた損害であっても，当事者がその事情を予見し，又は予見することができたときは，債権者は，その賠償を請求することができる。
（催告による解除） **第541条　一部改正** 　当事者の一方がその債務を履行しない場合において，相手方が相当の期間を定めてその履行の催告をし，その期間内に履行がないときは，相手方は，契約の解除をすることができる。ただし，その期間を経過した時における債務の不履行がその契約及び取引上の社会通念に照らして軽微であるときは，この限りでない。	（履行遅滞等による解除権） **第541条** 　当事者の一方がその債務を履行しない場合において，相手方が相当の期間を定めてその履行の催告をし，その期間内に履行がないときは，相手方は，契約の解除をすることができる。
（催告によらない解除） **第542条　全面改正** 1　次に掲げる場合には，債権者は，前条の催告をすることなく，直ちに契約の解除をすることができる。 (1)債務の全部の履行が不能であるとき。 (2)債務者がその債務の全部の履行を拒絶する意思を明確に表示したとき。 (3)債務の一部の履行が不能である場合又は債務者がその債務の一	（定期行為の履行遅滞による解除権） **第542条** 　契約の性質又は当事者の意思表示により，特定の日時又は一定の期間内に履行をしなければ契約をした目的を達することができない場合において，当事者の一方が履行をしないでその時期を経過したときは，相手方は，前条の催告をすることなく，直ちにその契約の解除をすることができる。 （履行不能による解除権）

部の履行を拒絶する意思を明確に表示した場合において，残存する部分のみでは契約をした目的を達することができないとき。 ⑷契約の性質又は当事者の意思表示により，特定の日時又は一定の期間内に履行をしなければ契約をした目的を達することができない場合において，債務者が履行をしないでその時期を経過したとき。 ⑸前各号に掲げる場合のほか，債務者がその債務の履行をせず，債権者が前条の催告をしても契約をした目的を達するのに足りる履行がされる見込みがないことが明らかであるとき。 2　次に掲げる場合には，債権者は，前条の催告をすることなく，直ちに契約の一部の解除をすることができる。 ⑴債務の一部の履行が不能であるとき。 ⑵債務者がその債務の一部の履行を拒絶する意思を明確に表示したとき。	**第543条** 　履行の全部又は一部が不能となったときは，債権者は，契約の解除をすることができる。ただし，その債務の不履行が債務者の責めに帰することができない事由によるものであるときは，この限りでない。

第4章　個人保証を制限するための方策とは？

新法条文	旧法条文
（公正証書の作成と保証の効力） **第465条の6　新設** 1　事業のために負担した貸金等債務を主たる債務とする保証契約又は主たる債務の範囲に事業のために負担する貸金等債務が含まれる根保証契約は，その契約の締結に先立ち，その締結の日前1箇月以内に作成された公正証書で保証人になろうとする者が保証債務を履行	なし

する意思を表示していなければ，その効力を生じない。

2　前項の公正証書を作成するには，次に掲げる方式に従わなければならない。

(1)保証人になろうとする者が，次のイ又はロに掲げる契約の区分に応じ，当該イ又はロに定める事項を公証人に口授すること。

　イ　保証契約（ロに掲げるものを除く。）　主たる債務の債権者及び債務者，主たる債務の元本，主たる債務に関する利息，違約金，損害賠償その他その債務に従たる全てのものの定めの有無及びその内容並びに主たる債務者がその債務を履行しないときには，その債務の全額について履行する意思（保証人になろうとする者が主たる債務者と連帯して債務を負担しようとするものである場合には，債権者が主たる債務者に対して催告をしたかどうか，主たる債務者がその債務を履行することができるかどうか，又は他に保証人があるかどうかにかかわらず，その全額について履行する意思）を有していること。

　ロ　根保証契約　主たる債務の債権者及び債務者，主たる債務の範囲，根保証契約における極度額，元本確定期日の定めの有無及びその内容並びに主たる債務者がその債務を履行しないときには，極度額の限度において元本確定期日又は第465条の4（個人根保証契約の元本確定事由）第1項各号若しくは第2項各号に掲げる事由その他元本を確定すべき事由が生ずる時までに生ずべき主たる債務の元本及び主たる債務に関する利息，違約金，損害賠償その他その債務に従たる全てのものの全額について履行する意思（保証人になろうとする者が主たる債務者と連帯して債務を負担しようとするものである場合には，債権者が主たる債務者に対して催告をしたかどうか，主たる債務者がその債務を履行することができるかどうか，又は他に保証人があるかどうかにかかわらず，その全額について履行する意思）を有していること。

(2)公証人が，保証人になろうとする者の口述を筆記し，これを保証人になろうとする者に読み聞かせ，又は閲覧させること。

(3)保証人になろうとする者が，筆記の正確なことを承認

した後，署名し，印を押すこと。ただし，保証人になろうとする者が署名することができない場合は，公証人がその事由を付記して，署名に代えることができる。 (4)公証人が，その証書は前3号に掲げる方式にしたがって作ったものである旨を付記して，これに署名し，印を押すこと。 3　前2項の規定は，保証人となろうとする者が法人である場合には，適用しない。	
（公正証書の作成と保証の効力に関する規定の適用除外） **第465条の9　新設** 　前3条の規定は，保証人となろうとする者が次に掲げる者である保証契約については，適用しない。 (1)主たる債務者が法人である場合のその理事，取締役，執行役又はこれらに準ずる者 (2)主たる債務者が法人である場合の次に掲げる者 　イ　主たる債務者の総株主の議決権（株主総会において決議をすることができる事項の全部につき議決権を行使することができない株式についての議決権を除く。以下この号において同じ。）の過半数を有する者 　ロ　主たる債務者の総株主の議決権の過半数を他の株式会社が有する場合における当該他の株式会社の総株主の議決権の過半数を有する者 　ハ　主たる債務者の総株主の議決権の過半数を他の株式会社及び当該他の株式会社の総株主の議決権の過半数を有する者が有する場合における当該他の株式会社の総株主の議決権の過半数を有する者 　ニ　株式会社以外の法人が主たる債務者である場合におけるイ，ロ又はハに掲げる者に準ずる者 (3)主たる債務者（法人である者を除く。以下この号において同じ。）と共同して事業を行う者又は主たる債務者が行う事業に現に従事している主たる債務者の配偶者	なし

第5章　債務者の資力などについての情報提供の義務とは？

新法条文	旧法条文
（錯誤） **第95条　全面改正**	（錯誤） **第95条**

1 意思表示は，次に掲げる錯誤に基づくものであって，その錯誤が法律行為の目的及び取引上の社会通念に照らして重要なものであるときは，取り消すことができる。 (1)意思表示に対応する意思を欠く錯誤 (2)表意者が法律行為の基礎とした事情についてのその認識が真実に反する錯誤 2 前項第(2)号の規定による意思表示の取消しは，その事情が法律行為の基礎とされていることが表示されていたときに限り，することができる。 3 錯誤が表意者の重大な過失によるものであった場合には，次に掲げる場合を除き，第1項の規定による意思表示の取消しをすることができない。 (1)相手方が，表意者に錯誤があることを知り，又は重大な過失によって知らなかったとき。 (2)相手方が表意者と同一の錯誤に陥っていたとき。 4 第1項の規定による意思表示の取消しは，善意でかつ過失がない第三者に対抗することができない。	意思表示は，法律行為の要素に錯誤があったときは，無効とする。ただし，表意者に重大な過失があったときは，表意者は，自らその無効を主張することができない。
（詐欺又は強迫） **第 96 条　一部改正** 1　［改正なし］ 2　相手方に対する意思表示について第三者が詐欺を行った場合においては，相手方がその事実を知り，又は知ることができた	（詐欺又は強迫） **第 96 条** 1　詐欺又は強迫による意思表示は，取り消すことができる。 2　相手方に対する意思表示について第三者が詐欺を行った場合においては，相手方がその事実

ときに限り，その意思表示を取り消すことができる。 3　前2項の規定による詐欺による意思表示の取消しは，善意でかつ過失がない第三者に対抗することができない。	を知っていたときに限り，その意思表示を取り消すことができる。 3　前2項の規定による詐欺による意思表示の取消しは，善意の第三者に対抗することができない。

新法条文	旧法条文
（契約締結時の情報の提供義務） **第465条の10　新設** 1　主たる債務者は，事業のために負担する債務を主たる債務とする保証又は主たる債務の範囲に事業のために負担する債務が含まれる根保証の委託をするときは，委託を受ける者に対し，次に掲げる事項に関する情報を提供しなければならない。 ⑴財産及び収支の状況 ⑵主たる債務以外に負担している債務の有無並びにその額及び履行状況 ⑶主たる債務の担保として他に提供し，又は提供しようとするものがあるときは，その旨及びその内容 2　主たる債務者が前項各号に掲げる事項に関して情報を提供せず，又は事実と異なる情報を提供したために委託を受けた者がその事項について誤認をし，それによって保証契約の申込み又はその承諾の意思表示をした場合において，主たる債務者がその事項に関して情報を提供せず又は事実と異なる情報を提供したことを債権者が知り，又は知ることができたときは，保証人は，保証契約を取り消すことができる。 3　前2項の規定は，保証をする者が法人である場合には，適用しない。	なし
（主たる債務の履行状況に関する情報の提供義務） **第458条の2　新設** 　保証人が主たる債務者の委託を受けて保証をした場合において，保証人の請求があったときは，債権者は，保証人に対し，遅滞なく，主たる債務の元本及び主たる債	なし

227

務に関する利息，違約金，損害賠償その他その債務に従たる全てのものについての不履行の有無並びにこれらの残額及びそのうち弁済期が到来しているものの額に関する情報を提供しなければならない。	
（主たる債務者が期限の利益を喪失した場合における情報の提供義務） **第 458 条の 3　新設** 1　主たる債務者が期限の利益を有する場合において，その利益を喪失したときは，債権者は，保証人に対し，その利益の喪失を知った時から 2 箇月以内に，その旨を通知しなければならない。 2　前項の期間内に同項の通知をしなかったときは，債権者は，保証人に対し，主たる債務者が期限の利益を喪失した時から同項の通知を現にするまでに生じた遅延損害金（期限の利益を喪失しなかったとしても生ずべきものを除く。）に係る保証債務の履行を請求することができない。 3　前 2 項の規定は，保証人が法人である場合には，適用しない。	なし

第 6 章　個人による根保証についての規制強化

新法条文	旧法条文
（個人根保証契約の保証人の責任等） **第 465 条の 2　一部改正** 1　一定の範囲に属する不特定の債務を主たる債務とする保証契約（以下「根保証契約」という。）であって保証人が法人でないもの（以下「個人根保証契約」という。）の保証人は，主たる債務の元本，主たる債務に関する利息，違約金，損害賠償その他その債務に従たる全てのもの及びその保証債務について約定された違約金又は損害賠償の額につい	（貸金等根保証契約の保証人の責任等） **第 465 条の 2** 1　一定の範囲に属する不特定の債務を主たる債務とする保証契約（以下「根保証契約」という。）であってその債務の範囲に金銭の貸渡し又は手形の割引を受けることによって負担する債務（以下「貸金等債務」という。）が含まれるもの（保証人が法人であるものを除く。以下「貸金等根保証契約」という。）の保証人は，主たる債務の元

て，その全部に係る極度額を限度として，その履行をする責任を負う。 2　個人根保証契約は，前項に規定する極度額を定めなければ，その効力を生じない。 3　第 446 条（保証人の責任等）第 2 項及び第 3 項の規定は，個人根保証契約における第 1 項に規定する極度額の定めについて準用する。	本，主たる債務に関する利息，違約金，損害賠償その他その債務に従たる<u>すべて</u>のもの及びその保証債務について約定された違約金又は損害賠償の額について，その全部に係る極度額を限度として，その履行をする責任を負う。 2　<u>貸金等</u>根保証契約は，前項に規定する極度額を定めなければ，その効力を生じない。 3　第 446 条第 2 項及び第 3 項の規定は，<u>貸金等</u>根保証契約における第 1 項に規定する極度額の定めについて準用する。
（個人根保証契約の元本の確定事由） **第 465 条の 4　一部改正** 1　次に掲げる場合には，<u>個人根保証契約</u>における主たる債務の元本は，確定する。<u>ただし，第(1)号に掲げる場合にあっては，強制執行又は担保権の実行の手続の開始があったときに限る。</u> (1)債権者が，保証人の財産について，金銭の支払を目的とする債権についての強制執行又は担保権の実行を申し立てたとき。 (2)保証人が破産手続開始の決定を受けたとき。 (3)［改正なし］ 2　<u>前項に規定する場合のほか，個人貸金等根保証契約における主たる債務の元本は，次に掲げる場合にも確定する。ただし，第 1 号に掲げる場合にあっては，強制執行又は担保権の実行</u>	（貸金等根保証契約の元本の確定事由） **第 465 条の 4** 　次に掲げる場合には，<u>貸金等保証契約</u>における主たる債務の元本は，確定する。 (1)債権者が，<u>主たる債務者又は</u>保証人の財　産について，金銭の支払を目的とする債権についての強制執行又は担保権の実行を申し立てたとき。<u>ただし，強制執行又は担保権の実行の手続の開始があったときに限る。</u> (2)<u>主たる債務者又は</u>保証人が破産手続開始の決定を受けたとき。 (3)主たる債務者又は保証人が死亡したとき。

新法条文	旧法条文
の手続の開始があったときに限る。 (1)債権者が，主たる債務者の財産について，金銭の支払を目的とする債権についての強制執行又は担保権の実行を申し立てたとき。 (2)主たる債務者が破産手続開始の決定を受けたとき。	

第7章　約款ルールの明文化

新法条文	旧法条文
（定型約款の合意） **第548条の2　新設** 1　定型取引（ある特定の者が不特定多数の者を相手方として行う取引であって，その内容の全部又は一部が画一的であることがその双方にとって合理的なものをいう。以下同じ。）を行うことの合意（次条において「定型取引合意」という。）をした者は，次に掲げる場合には，定型約款（定型取引において，契約の内容とすることを目的としてその特定の者により準備された条項の総体をいう。以下同じ。）の個別の条項についても合意をしたものとみなす。 (1)定型約款を契約の内容とする旨の合意をしたとき。 (2)定型約款を準備した者（以下「定型約款準備者」という。）があらかじめその定型約款を契約の内容とする旨を相手方に表示していたとき。 2　前項の規定にかかわらず，同項の条項のうち，相手方の権利を制限し，又は相手方の義務を加重する条項であって，その定型取引の態様及びその実情並びに取引上の社会通念に照らして第1条第2項に規定する基本原則に反して相手方の利益を一方的に害すると認められるものについては，合意をしなかったものとみなす。	なし
（定型約款の内容の表示） **第548条の3　新設** 1　定型取引を行い，又は行おうとする定型約款準備者	なし

は，定型取引合意の前又は定型取引合意の後相当の期間内に相手方から請求があった場合には，遅滞なく，相当な方法でその定型約款の内容を示さなければならない。ただし，定型約款準備者が既に相手方に対して定型約款を記載した書面を交付し，又はこれを記録した電磁的記録を提供していたときは，この限りでない。 2　定型約款準備者が定型取引合意の前において前項の請求を拒んだときは，前条の規定は，適用しない。ただし，一時的な通信障害が発生した場合その他正当な事由がある場合は，この限りでない。	
（定型約款の変更） **第548条の4　新設** 1　定型約款準備者は，次に掲げる場合には，定型約款の変更をすることにより，変更後の定型約款の条項について合意があったものとみなし，個別に相手方と合意をすることなく契約の内容を変更することができる。 ⑴定型約款の変更が，相手方の一般の利益に適合するとき。 ⑵定型約款の変更が，契約をした目的に反せず，かつ，変更の必要性，変更後の内容の相当性，この条の規定により定型約款の変更をすることがある旨の定めの有無及びその内容その他の変更に係る事情に照らして合理的なものであるとき。 2　定型約款準備者は，前項の規定による定型約款の変更をするときは，その効力発生時期を定め，かつ，定型約款を変更する旨及び変更後の定型約款の内容並びにその効力発生時期をインターネットの利用その他の適切な方法により周知しなければならない。 3　第1項第2号の規定による定型約款の変更は，前項の効力発生時期が到来するまでに同項の規定による周知をしなければ，その効力を生じない。 4　第548条の2（定型約款の合意）第2項の規定は，第1項の規定による定型約款の変更については，適用しない。	なし

第8章 売買に関する新法について

新法条文	旧法条文
（買主の追完請求権） **第562条　新設** 1　引き渡された目的物が種類，品質又は数量に関して契約の内容に適合しないものであるときは，買主は，売主に対し，目的物の修補，代替物の引渡し又は不足分の引渡しによる履行の追完を請求することができる。ただし，売主は，買主に不相当な負担を課するものでないときは，買主が請求した方法と異なる方法による履行の追完をすることができる。 2　前項の不適合が買主の責めに帰すべき事由によるものであるときは，買主は，同項の規定による履行の追完の請求をすることができない。	なし
（買主の代金減額請求権） **第563条　全面改正** 1　前条第1項本文に規定する場合において，買主が相当の期間を定めて履行の追完の催告をし，その期間内に履行の追完がないときは，買主は，その不適合の程度に応じて代金の減額を請求することができる。 2　前項の規定にかかわらず，次に掲げる場合には，買主は，同項の催告をすることなく，直ちに代金の減額を請求することができる。 (1)履行の追完が不能であるとき。	（数量の不足又は物の一部滅失の場合における売主の担保責任） **第565条** 　前2条の規定は，数量を指示して売買をした物に不足がある場合又は物の一部が契約の時に既に滅失していた場合において，買主がその不足又は滅失を知らなかったときについて準用する。 （権利の一部が他人に属する場合における売主の担保責任） **第563条第1項** 　売買の目的である権利の一部が他人に属することにより，売主が

(2)売主が履行の追完を拒絶する意
　思を明確に表示したとき。
(3)契約の性質又は当事者の意思表
　示により，特定の日時又は一定
　の期間内に履行をしなければ契
　約をした目的を達することがで
　きない場合において，売主が履
　行の追完をしないでその時期を
　経過したとき。
(4)前3号に掲げる場合のほか，買
　主が前項の催告をしても履行の
　追完を受ける見込みがないこと
　が明らかであるとき。
3　第1項の不適合が買主の責め
　に帰すべき事由によるものであ
　るときは，買主は，前2項の規
　定による代金の減額の請求をす
　ることができない。

これを買主に移転することができ
ないときは，買主は，その不足す
る部分の割合に応じて代金の減額
を請求することができる。

（買主の損害賠償請求及び解除権
の行使）
第564条　全面改正
　前2条の規定は，第415条の規
定による損害賠償の請求並びに第
541条及び第542条の規定による
解除権の行使を妨げない。

（売主の瑕疵担保責任）
第570条
　売買の目的物に隠れた瑕疵が
あったときは，第566条の規定を
準用する。ただし，強制競売の場
合は，この限りでない。

（地上権等がある場合等における
売主の担保責任）
第566条
1　売買の目的物が地上権，永小
　作権，地役権，留置権又は質権
　の目的である場合において，買
　主がこれを知らず，かつ，その
　ために契約をした目的を達する
　ことができないときは，買主
　は，契約の解除をすることがで
　きる。この場合において，契約
　の解除をすることができないと

233

新法条文	旧法条文
	きは，損害賠償の請求のみをすることができる。 2　前項の規定は，売買の目的である不動産のために存すると称した地役権が存しなかった場合及びその不動産について登記をした賃貸借があった場合について準用する。
（目的物の種類又は品質に関する担保責任の期間の制限） **第566条　全面改正** 　売主が種類又は品質に関して契約の内容に適合しない目的物を買主に引き渡した場合において，買主がその不適合を知った時から1年以内にその旨を売主に通知しないときは，買主は，その不適合を理由として，履行の追完の請求，代金の減額の請求，損害賠償の請求及び契約の解除をすることができない。ただし，売主が引渡しの時にその不適合を知り，又は重大な過失によって知らなかったときは，この限りでない。	**第564条** 　前条の規定による権利は，買主が善意であったときは事実を知った時から，悪意であったときは契約の時から，それぞれ1年以内に行使しなければならない。 **第566条3項** 　前2項の場合において，契約の解除又は損害賠償の請求は，買主が事実を知った時から1年以内にしなければならない。

第9章　請負に関する新法について

新法条文	旧法条文
［削除］ ※改正法では第634条は「注文者が受ける利益の割合に応じた報酬」についての規定がされている。	（請負人の担保責任） **第634条** 1　仕事の目的物に瑕疵があるときは，注文者は，請負人に対し，相当の期間を定めて，その瑕疵の修補を請求することができる。ただし，瑕疵が重要でない場合において，その修補に過

	分の費用を要するときは，この限りでない。 2　注文者は，瑕疵の修補に代えて，又はその修補とともに，損害賠償の請求をすることができる。この場合においては，第533条の規定を準用する。
［削除］	**第635条** 　仕事の目的物に瑕疵があり，そのために契約をした目的を達することができないときは，注文者は，契約の解除をすることができる。ただし，建物その他の土地の工作物については，この限りでない。
（目的物の種類又は品質に関する担保責任の期間の制限） **第637条　全面改正** 1　前条本文に規定する場合において，注文者がその不適合を知った時から1年以内にその旨を請負人に通知しないときは，注文者は，その不適合を理由として，履行の追完の請求，報酬の減額の請求，損害賠償の請求及び契約の解除をすることができない。 2　前項の規定は，仕事の目的物を注文者に引き渡した時（その引渡しを要しない場合にあっては，仕事が終了した時）において，請負人が同項の不適合を知り，又は重大な過失によって知らなかったときは，適用しない。	（請負人の担保責任の存続期間） **第637条** 1　前3条の規定による瑕疵の修補又は損害賠償の請求及び契約の解除は，仕事の目的物を引き渡した時から1年以内にしなければならない。 2　仕事の目的物の引渡しを要しない場合には，前項の期間は，仕事が終了した時から起算する。
［削除］	**第638条** 1　建物その他の土地の工作物の

	請負人は，その工作物又は地盤の瑕疵について，引渡しの後5年間その担保の責任を負う。ただし，この期間は，石造，土造，れんが造，コンクリート造，金属造その他これらに類する構造の工作物については，10年とする。 2　工作物が前項の瑕疵によって滅失し，又は損傷したときは，注文者は，その滅失又は損傷の時から1年以内に，第634条の規定による権利を行使しなければならない。

第10章　賃貸借に関する新法について

新法条文	旧法条文
（賃借人の原状回復義務） **第621条　新設** 　賃借人は，賃借物を受け取った後にこれに生じた損傷（通常の使用及び収益によって生じた賃借物の損耗並びに賃借物の経年変化を除く。以下この条において同じ。）がある場合において，賃貸借が終了したときは，その損傷を原状に復する義務を負う。ただし，その損傷が賃借人の責めに帰することができない事由によるものであるときは，この限りでない。	なし
（敷金） **第622条の2　新設** 1　賃貸人は，敷金（いかなる名目によるかを問わず，賃料債務その他の賃貸借に基づいて生ずる賃借人の賃貸人に対する金銭の給付を目的とする債務を担保する目的で，賃借人が賃貸人に交付する金銭をいう。以下この条において同じ。）を受け取っている場合において，次に掲げるときは，賃借人に対し，その受け取った敷金の額から賃貸借に基づいて生じた賃借人の賃貸人に対する金銭の給付を目的とする債務の額を控除し	なし

た残額を返還しなければならない。
(1)賃貸借が終了し，かつ，賃貸物の返還を受けたとき。
(2)賃借人が適法に賃借権を譲り渡したとき。
2　賃貸人は，賃借人が賃貸借に基づいて生じた金銭の給付を目的とする債務を履行しないときは，敷金をその債務の弁済に充てることができる。この場合において，賃借人は，賃貸人に対し，敷金をその債務の弁済に充てることを請求することができない。

第11章　金銭の貸付契約と法定利率の規定に関する新法について

新法条文	旧法条文
（書面でする消費貸借等） **第587条の2　新設** 1　前条の規定にかかわらず，書面でする消費貸借は，当事者の一方が金銭その他の物を引き渡すことを約し，相手方がその受け取った物と種類，品質及び数量の同じ物をもって返還をすることを約することによって，その効力を生ずる。 2　書面でする消費貸借の借主は，貸主から金銭その他の物を受け取るまで，契約の解除をすることができる。この場合において，貸主は，その契約の解除によって損害を受けたときは，借主に対し，その賠償を請求することができる。 3　書面でする消費貸借は，借主が貸主から金銭その他の物を受け取る前に当事者の一方が破産手続開始の決定を受けたときは，その効力を失う。 4　消費貸借がその内容を記録した電磁的記録によってされたと	なし

きは，その消費貸借は，書面によってされたものとみなして，前3項の規定を適用する。	
（利息） **第589条　新設** 1　貸主は，特約がなければ，借主に対して利息を請求することができない。 2　前項の特約があるときは，貸主は，借主が金銭その他の物を受け取った日以後の利息を請求することができる。	なし
（返還の時期） **第591条　一部改正** 1　［改正なし］ 2　借主は，<u>返還の時期の定めの有無にかかわらず</u>，いつでも返還をすることができる。 3　<u>当事者が返還の時期を定めた場合において，貸主は，借主がその時期の前に返還をしたことによって損害を受けたときは，借主に対し，その賠償を請求することができる。</u>	（返還の時期） **第591条** 1　当事者が返還の時期を定めなかったときは，貸主は，相当の期間を定めて返還の催告をすることができる。 2　借主は，いつでも返還をすることができる。
（法定利率） **第404条　全面改正** 1　利息を生ずべき債権について別段の意思表示がないときは，その利率は，その利息が生じた最初の時点における法定利率による。 2　法定利率は，年3パーセントとする。 3　前項の規定にかかわらず，法定利率は，法務省令で定めるところにより，3年を一期とし，	（法定利率） **第404条** 利息を生ずべき債権について別段の意思表示がないときは，その利率は，年5分とする。

一期ごとに，次項の規定により変動するものとする。 4　各期における法定利率は，この項の規定により法定利率に変動があった期のうち直近のもの（以下この項において「直近変動期」という。）における基準割合と当期における基準割合との差に相当する割合（その割合に1パーセント未満の端数があるときは，これを切り捨てる。）を直近変動期における法定利率に加算し，又は減算した割合とする。 5　前項に規定する「基準割合」とは，法務省令で定めるところにより，各期の初日の属する年の6年前の年の1月から前々年の12月までの各月における短期貸付けの平均利率（当該各月において銀行が新たに行った貸付け（貸付期間が1年未満のものに限る。）に係る利率の平均をいう。）の合計を60で除して計算した割合（その割合に0.1パーセント未満の端数があるときは，これを切り捨てる。）として法務大臣が告示するものをいう。	
（金銭債務の特則） **第419条　一部改正** 1　金銭の給付を目的とする債務の不履行については，その損害賠償の額は，債務者が遅滞の責任を負った最初の時点における法定利率によって定める。ただし，約定利率が法定利率を超え	（金銭債務の特則） **第419条** 1　金銭の給付を目的とする債務の不履行については，その損害賠償の額は，法定利率によって定める。ただし，約定利率が法定利率を超えるときは，約定利率による。

るときは，約定利率による。 2　［改正なし］ 3　［改正なし］	2　前項の損害賠償については， 　債権者は，損害の証明をするこ 　とを要しない。 3　第1項の損害賠償について 　は，債務者は，不可抗力をもっ 　て抗弁とすることができない。

第12章　消滅時効に関する新法（原則的な規定）について

第13章　不法行為・安全配慮義務違反による損害賠償請求権と人身損害に関する新法

新法条文	旧法条文
（債権等の消滅時効） **第166条　全面改正** 1　債権は，次に掲げる場合には，時効によって消滅する。 (1)債権者が権利を行使することができることを知った時から5年間行使しないとき。 (2)権利を行使することができる時から10年間行使しないとき。 2　債権又は所有権以外の財産権は，権利を行使することができる時から20年間行使しないときは，時効によって消滅する。 3　前2項の規定は，始期付権利又は停止条件付権利の目的物を占有する第三者のために，その占有の開始の時から取得時効が進行することを妨げない。ただし，権利者は，その時効を更新するため，いつでも占有者の承認を求めることができる。	（消滅時効の進行等） **第166条** 1　消滅時効は，権利を行使することができる時から進行する。 2　前項の規定は，始期付権利又は停止条件付権利の目的物を占有する第三者のために，その占有の開始の時から取得時効が進行することを妨げない。ただし，権利者は，その時効を中断するため，いつでも占有者の承認を求めることができる。 （債権等の消滅時効） **第167条** 1　債権は，10年間行使しないときは，消滅する。 2　債権又は所有権以外の財産権は，20年間行使しないときは，消滅する。
（人の生命又は身体の侵害による損害賠償請求権の消滅時効） **第167条　新設** 　人の生命又は身体の侵害による	なし

損害賠償請求権の消滅時効についての前条（債権等の消滅時効）第1項第(2)号の規定の適用については，同号中「10年間」とあるのは，「20年間」とする。	
（不法行為による損害賠償請求権の消滅時効） **第724条　一部改正** 　不法行為による損害賠償の請求権は，次に掲げる場合には，時効によって消滅する。 (1)被害者又はその法定代理人が損害及び加害者を知った時から3年間行使しないとき。 (2)不法行為の時から20年間行使しないとき。	（不法行為による損害賠償請求権の期間の制限） **第724条** 　不法行為による損害賠償の請求権は，被害者又はその法定代理人が損害及び加害者を知った時から3年間行使しないときは，時効によって消滅する。不法行為の時から20年を経過したときも，同様とする。
（人の生命又は身体を害する不法行為による損害賠償請求権の消滅時効） **第724条の2　新設** 　人の生命又は身体を害する不法行為による損害賠償請求権の消滅時効についての前条第(1)号の規定の適用については，同号中「3年間」とあるのは，「5年間」とする。	なし
（裁判上の請求等による時効の完成猶予及び更新） **第147条　全面改正** 1　次に掲げる事由がある場合には，その事由が終了する（確定判決又は確定判決と同一の効力を有するものによって権利が確定することなくその事由が終了した場合にあっては，その終了の時から6箇月を経過する）ま	（時効の中断事由） **第147条** 　時効は，次に掲げる事由によって中断する。 (1)請求 (2)差押え，仮差押え又は仮処分 (3)承認

での間は，時効は，完成しない。 (1)裁判上の請求 (2)支払督促 (3)民事訴訟法第275条第1項の和解又は民事調停法（平成26年法律第222号）若しくは家事事件手続法（平成23年法律第52号）による調停 (4)破産手続参加，再生手続参加又は更生手続参加 2　前項の場合において，確定判決又は確定判決と同一の効力を有するものによって権利が確定したときは，時効は，同項各号に掲げる事由が終了した時から新たにその進行を始める。	
（催告による時効完成猶予） **第150条　全面改正** 1　催告があったときは，その時から6箇月を経過するまでの間は，時効は，完成しない。 2　催告によって時効の完成が猶予されている間にされた再度の催告は，前項の規定による時効の完成猶予の効力を有しない。	（催告） **第153条** 　催告は，6箇月以内に，裁判上の請求，支払督促の申立て，和解の申立て，民事調停法若しくは家事事件手続法による調停の申立て，破産手続参加，再生手続参加，更生手続参加，差押え，仮差押え又は仮処分をしなければ，時効の中断の効力を生じない。

第14章　新法における中間利息の控除と不法行為による損害賠償請求権の経過措置について

新法条文	旧法条文
（中間利息の控除） **第417条の2　新設** 1　将来において取得すべき利益についての損害賠償の額を定める場合において，その利益を取得すべき時までの利息相当額を控除するときは，その損害賠償の請求権が生じた時点における法定利率により，これをす	なし

新法条文	旧法条文

る。
2　将来において負担すべき費用についての損害賠償の額を定める場合において，その費用を負担すべき時までの利息相当額を控除するときも，前項と同様とする。

第15章　新法における中小企業融資の担保のあり方 ―― 個人保証に代わる「将来債権の譲渡担保」

新法条文	旧法条文
（債権の譲渡性） **第466条　全面改正** 1　（改正なし） 2　当事者が債権の譲渡を禁止し，又は制限する旨の意思表示（以下「譲渡制限の意思表示」という。）をしたときであっても，債権の譲渡は，その効力を妨げられない。 3　前項に規定する場合には，譲渡制限の意思表示がされたことを知り，又は重大な過失によって知らなかった譲受人その他の第三者に対しては，債務者は，その債務の履行を拒むことができ，かつ，譲渡人に対する弁済その他の債務を消滅させる事由をもってその第三者に対抗することができる。 4　前項の規定は，債務者が債務を履行しない場合において，同項に規定する第三者が相当の期間を定めて譲渡人への履行の催告をし，その期間内に履行がないときは，その債務者については，適用しない。	（債権の譲渡性） **第466条** 1　債権は，譲り渡すことができる。ただし，その性質がこれを許さないときは，この限りでない。 2　前項の規定は，当事者が反対の意思を表示した場合には，適用しない。ただし，その意思表示は，善意の第三者に対抗することができない。
（預金債権又は貯金債権に係る譲渡制限の意思表示の効力）	なし

第 466 条の 5　新設 1　預金口座又は貯金口座に係る 預金又は貯金に係る債権（以下 「預貯金債権」という。）につい て当事者がした譲渡制限の意思 表示は，第 466 条（債権の譲渡 性）第 2 項の規定にかかわら ず，その譲渡制限の意思表示が されたことを知り，又は重大な 過失によって知らなかった譲受 人その他の第三者に対抗するこ とができる。 2　前項の規定は，譲渡制限の意 思表示がされた預貯金債権に対 する強制執行をした差押債権者 に対しては，適用しない。	
（譲渡制限の意思表示がされた債 権に係る債務者の供託） **第 466 条の 2　新設** 1　債務者は，譲渡制限の意思表 示がされた金銭の給付を目的と する債権が譲渡されたときは， その債権の全額に相当する金銭 を債務の履行地（債務の履行地 が債権者の現在の住所により定 まる場合にあっては，譲渡人の 現在の住所を含む。次条におい て同じ。）の供託所に供託する ことができる。 2　前項の規定により供託をした 債務者は，遅滞なく，譲渡人及 び譲受人に供託の通知をしなけ ればならない。 3　第 1 項の規定により供託をし た金銭は，譲受人に限り，還付 を請求することができる。	なし
第 466 条の 3　新設	なし

前条第1項に規定する場合において，譲渡人について破産手続開始の決定があったときは，譲受人（同項の債権の全額を譲り受けた者であって，その債権の譲渡を債務者その他の第三者に対抗することができるものに限る。）は，譲渡制限の意思表示がされたことを知り，又は重大な過失によって知らなかったときであっても，債務者にその債権の全額に相当する金銭を債務の履行地の供託所に供託させることができる。この場合においては，同条第2項及び第3項の規定を準用する。	
（譲渡制限の意思表示がされた債権の差押え） **第466条の4　新設** 1　第466条（債権の譲渡性）第3項の規定は，譲渡制限の意思表示がされた債権に対する強制執行をした差押債権者に対しては，適用しない。 2　前項の規定にかかわらず，譲受人その他の第三者が譲渡制限の意思表示がされたことを知り，又は重大な過失によって知らなかった場合において，その債権者が同項の債権に対する強制執行をしたときは，債務者は，その債務の履行を拒むことができ，かつ，譲渡人に対する弁済その他の債務を消滅させる事由をもって差押債権者に対抗することができる。	なし

第16章 新法下で債権者を害する行為が行われた場合
──詐害行為取消権

新法条文	旧法条文
（詐害行為取消請求） **第424条 一部改正** 1 債権者は，債務者が債権者を害することを知ってした行為の取消しを裁判所に請求することができる。ただし，その行為によって利益を受けた者<u>（以下この款において「受益者」という。）</u>がその行為の時において債権者を害することを知らなかったときは，この限りでない。 2 前項の規定は，財産権を目的としない行為については，適用しない。 <u>3 債権者は，その債権が第1項に規定する行為の前の原因に基づいて生じたものである場合に限り，同項の規定による請求（以下この款において「詐害行為取消請求」という。）をすることができる。</u> <u>4 債権者は，その債権が強制執行により実現することのできないものであるときは，詐害行為取消請求をすることができない。</u>	（詐害行為取消権） **第424条** 1 債権者は，債務者が債権者を害することを知ってした法律行為の取消しを裁判所に請求することができる。ただし，その行為によって利益を受けた者又は転得者がその行為又は転得の時において債権者を害すべき事実を知らなかったときは，この限りでない。 2 前項の規定は，財産権を目的としない<u>法律行為</u>については，適用しない。
（財産の返還又は価格の償還の請求） **第424条の6 新設** 1 債権者は，受益者に対する詐害行為取消請求において，債務者がした行為の取消しとともに，その行為によって受益者に移転した財産の返還を請求する	なし

246

ことができる。受益者がその財産の返還をすることが困難であるときは，債権者は，その価額の償還を請求することができる。 2　債権者は，転得者に対する詐害行為取消請求において，債務者がした行為の取消しとともに，転得者が転得した財産の返還を請求することができる。転得者がその財産の返還をすることが困難であるときは，債権者は，その価額の償還を請求することができる。	
（被告及び訴訟告知） **第424条の7　新設** 1　詐害行為取消請求に係る訴えについては，次の各号に掲げる区分に応じ，それぞれ当該各号に定める者を被告とする。 ⑴受益者に対する詐害行為取消請求に係る訴え　　受益者 ⑵転得者に対する詐害行為取消請求に係る訴え　　その詐害行為取消請求の相手方である転得者 2　債権者は，詐害行為取消請求に係る訴えを提起したときは，遅滞なく，債務者に対し，訴訟告知をしなければならない。	なし
（認容判決の効力が及ぶ者の範囲） **第425条　一部改正** 詐害行為取消請求を認容する確定判決は，債務者及びその全ての債権者に対してもその効力を有する。	（詐害行為の取消しの効果） **第425条** 前条の規定による取消しは，すべての債権者の利益のためにその効力を生ずる。
（相当の対価を得てした財産の処分行為の特則）	なし

第 424 条の 2　新設

　債務者が，その有する財産を処分する行為をした場合において，受益者から相当の対価を取得しているときは，債権者は，次に掲げる要件のいずれにも該当する場合に限り，その行為について，詐害行為取消請求をすることができる。

(1)その行為が，不動産の金銭への換価その他の当該処分による財産の種類の変更により，債務者において隠匿，無償の供与その他の債権者を害することとなる処分（以下この条において「隠匿等の処分」という。）をするおそれを現に生じさせるものであること。

(2)債務者が，その行為の当時，対価として取得した金銭その他の財産について，隠匿等の処分をする意思を有していたこと。

(3)受益者が，その行為の当時，債務者が隠匿等の処分をする意思を有していたことを知っていたこと。

（特定の債権者に対する担保の供与等の特則） **第 424 条の 3　新設** 1　債務者がした既存の債務についての担保の供与又は債務の消滅に関する行為について，債権者は，次に掲げる要件のいずれにも該当する場合に限り，詐害行為取消請求をすることができる。 (1)その行為が，債務者が支払不能 　（債務者が，支払能力を欠くた	なし

めに，その債務のうち弁済期にあるものにつき，一般的かつ継続的に弁済することができない状態をいう。次項第⑴号において同じ。）の時に行われたものであること。 ⑵その行為が，債務者と受益者とが通謀して他の債権者を害する意図をもって行われたものであること。 　2　前項に規定する行為が，債務者の義務に属せず，又はその時期が債務者の義務に属しないものである場合において，次に掲げる要件のいずれにも該当するときは，債権者は，同項の規定にかかわらず，その行為について，詐害行為取消請求をすることができる。 ⑴その行為が，債務者が支払不能になる前 30 日以内に行われたものであること。 ⑵その行為が，債務者と受益者とが通謀して他の債権者を害する意図をもって行われたものであること。	
（過大な代物弁済等の特則） **第 424 条の 4　新設** 　債務者がした債務の消滅に関する行為であって，受益者の受けた給付の価額がその行為によって消滅した債務の額より過大であるものについて，第 424 条（詐害行為取消請求）に規定する要件に該当するときは，債権者は，前条（特定の債権者に対する担保の供与等の特則）第 1 項の規定にかかわら	なし

ず，その消滅した債務の額に相当
する部分以外の部分については，
詐害行為取消請求をすることがで
きる。

附則に関する一覧表

経過措置の項目名	附則の条文	新・旧法適用の基準時	立法趣旨・注意点
施行期日	第1条 　この法律は，公布の日から起算して3年を超えない範囲内において政令で定める日から施行する。ただし，次の各号に掲げる規定は，当該各号に定める日から施行する。 (1)　附則37条の規定　公布の日 (2)　附則第33条第3項の規定　公布の日から起算して1年を超えない範囲内において政令で定める日 (3)　附則第21条第2項及び第3項の規定　公布の日から起算して2年9月を超えない範囲内において政令で定める日		大幅な改正であるため，公布日から施行日までの期間を比較的長期とした。本条第2号について政令で定めた日は「2018年4月1日」である。本条第3号について政令で定めた日は，「2020年3月1日」である。
意思表示	第6条 1　施行日前にされた意思表示については，新法第93条，第95条，第96条第2項及び第3項並びに第98条の2の規定にかかわらず，なお従前の例による。	意思表示時	施行日前に瑕疵ある意思表示を前提として法律関係を形成した場合も含む
	2　施行日前に意思表示の通知が発せられた場合については，新法第97条の規定にかかわらず，なお従前の例による。	意思表示時（施行日前に意思表示の通知が発せられた場合を含む）	
時効	第10条 1　施行日前に債権が生じた場合（施行日以後に債権が生じた場合であって，その原因である法律行為が施行日前にされたときを含む。以下同じ。）におけるその債権の消滅時効の援用については，新法第145条の規定にかかわらず，なお従前の例による。	債権の発生時。ただし，施行日以後に債権が生じた場合であって，その原因である法律行為が施行日前にされたときは旧法を適用	同附則括弧書きに「以下同じ」とあるので，本条以下において「施行日前に債権が生じた場合」と規定されているときには，その原因である法律行為が施行日前にされたときを含む趣旨である
	2　施行日前に旧法第147条に規定する時効の中断の事由又は旧	中断又は停止事由の発生時	施行日前に発生した債権であっても，時効期間が

			経過していなければ，新法下の時効障害事由に更新・完成猶予の規定が適用される
	3　新法第 151 条の規定は，施行日前に権利についての協議を行う旨の合意が書面でされた場合（その合意の内容を記録した電磁的記録（新法第 151 条第 4 項に規定する電磁的記録をいう。附則第 33 条第 2 項において同じ。）によってされた場合を含む。）におけるその合意については，適用しない。	協議による時効完成猶予の合意が書面でされた時	合意が電磁的記録によってされた場合を含む
	4　施行日前に債権が生じた場合におけるその債権の消滅時効の期間については，なお従前の例による。	債権の発生時。ただし，施行日以後に債権が生じた場合であって，その原因である法律行為が施行日前にされたときは旧法を適用	附則 10 条 1 項括弧書き参照。不法行為による損害賠償請求権の場合（附則 35 条）は，これと異なる経過措置となっている。
法定利率	第 15 条 1　施行日前に利息が生じた場合におけるその利息を生ずべき債権に係る法定利率については，新法第 404 条の規定にかかわらず，なお従前の例による。	利息発生時	
	2　新法第 404 条第 4 項の規定により法定利率に初めて変動があるまでの各期における同項の規定の適用については，同項中「この項の規定により法定利率に変動があった期のうち直近のもの（以下この項において「直近変動期」という。）」とあるのは「民法の一部を改正する法律（平成 29 年法律第 44 号）の施行後最初の期」と，「直近変動期における法定利率」とあるのは「年 3 パーセント」とする。		改正後の最初の法定利率の変動に関する規定
債務不履行の責任等	第 17 条 1　施行日前に債務が生じた場合（施行日以後に債務が生じた場	債務の発生時。ただし，施行日以後に債務が生じた場合で	同附則の括弧書きに「以下同じ。」とあるので，本条以降の「施行日前に

252

	合であって，その原因である法律行為が施行日前にされたときを含む。附則第25条第1項において同じ。）におけるその債務不履行の責任等については，新法第412条第2項，第412条の2から第413条の2まで，第415条，第416条第2項，第418条及び第422条の2の規定にかかわらず，なお従前の例による。	あって，その原因である法律行為が施行日前にされたときは旧法を適用	債務が生じた場合」にはその債務が発生する原因である法律行為が施行日前にされた場合が含まれる
	2　新法第417条の2（新法第722条第1項において準用する場合を含む。）の規定は，施行日前に生じた将来において取得すべき利益又は負担すべき費用についての損害賠償請求権については，適用しない。	将来において取得すべき利益又は負担すべき費用についての損害賠償請求権の発生時	
	3　施行日前に債務者が遅滞の責任を負った場合における遅延損害金を生ずべき債権に係る法定利率については，新法第419条第1項の規定にかかわらず，なお従前の例による。	遅滞の責任を負った時	旧法下で発生した債権について，新法下で遅滞が生じた場合は新法適用
	4　施行日前にされた旧法第420条第1項に規定する損害賠償の額の予定に係る合意及び旧法第421条に規定する金銭でないものを損害の賠償に充てるべき旨の予定に係る合意については，なお従前の例による。	合意時	
詐害行為取消権	第19条　施行日前に旧法第424条第1項に規定する債務者が債権者を害することを知ってした法律行為がされた場合におけるその行為に係る詐害行為取消権については，なお従前の例による。	詐害行為時	被保全債権が旧法下で発生しても，新法下で詐害行為がされれば新法適用
保証債務	第21条　1　施行日前に締結された保証契約に係る保証債務については，なお従前の例による。	保証契約締結時	
	2　保証人になろうとする者は，施行日前においても，新法第		公正証書は2020年3月1日から作成の嘱託がで

	465条の6第1項（新法第465条の8第1項において準用する場合を含む。）の公正証書の作成を嘱託することができる。		きる（附則1条3号）。
	3　公証人は，前項の規定による公正証書の作成の嘱託があった場合には，施行日前においても，新法第465条の6第2項及び465条の7（これらの規定を新法第465条の8第1項において準用する場合を含む。）の規定の例により，その作成をすることができる。		公証人は施行日前でも公正証書を作成できる。ただし，公布の日から起算して2年9月を超えない範囲内において政令で定めた日以降（附則1条3号）。
債権の譲渡	第22条　施行日前に債権の譲渡の原因である法律行為がされた場合におけるその債権の譲渡については，新法第466条から第469条までの規定にかかわらず，なお従前の例による。	債権の譲渡の原因である法律行為の時	旧法下で発生した債権を，新法下で譲渡すれば新法適用
契約の解除	第32条　施行日前に契約が締結された場合におけるその契約の解除については，新法第541条から第543条まで，第545条第3項及び第548条の規定にかかわらず，なお従前の例による。	契約締結時	
定型約款	第33条　1　新法第548条の2から第548条の4までの規定は，施行日前に締結された定型取引（新法第548条の2第1項に規定する定型取引をいう。）に係る契約についても，適用する。ただし，旧法の規定によって生じた効力を妨げない。		新法を適用する（旧法のもとでは定型約款の要件及び変更の可否について不明な部分があるため）。ただし，旧法の規定によって生じた効力を妨げない
	2　前項の規定は，同項に規定する契約の当事者の一方（契約又は法律の規定により解除権を現に行使することができる者を除く。）により反対の意思の表示が書面でされた場合（その内容を記録した電磁的記録によってされた場合を含む。）には，適		旧法下の定型約款に新法が適用されることについて書面により反対の意思を表示することにより，定型約款の拘束力からの離脱を認めた。ただし，解除権を行使できる者は解除権行使により離脱す

	用しない。		べきとした（定型約款準備者による画一的な契約管理ができるようにするため）。なお，解除に伴い損害賠償義務が課せられている場合でも，解除権を有する者に当たるとした。
	3　前項に規定する反対の意思の表示は，施行日前にしなければならない。		前項の反対の意思表示は，2018年4月1日から施行日の前日までの間にしなければならない（附則第1条2号参照）
贈与等（注・売買，消費貸借，請負，賃貸借等も含む）	第34条 1　施行日前に贈与，売買，消費貸借（旧法第589条に規定する消費貸借の予約を含む。），使用貸借，賃貸借，雇用，請負，委任，寄託又は組合の各契約が締結された場合におけるこれらの契約及びこれらの契約に付随する買戻しその他の特約については，なお従前の例による。	契約締結時	
	2　前項の規定にかかわらず，新法第604条第2項の規定は，施行日前に賃貸借契約が締結された場合において施行日以後にその契約の更新にかかる合意がされるときにも適用する。		契約締結日が施行日前であっても，施行日以後にその契約の更新に係る合意がされるときには新法を適用する。更新後は50年まで長期化できる
	3　第1項の規定にかかわらず，新法第605条の4の規定は，施行日前に不動産の賃貸借契約が締結された場合において施行日以後にその不動産の占有を第三者が妨害し，又はその不動産を第三者が占有しているときにも適用する。		施行日前に不動産の賃貸借契約が締結された場合でも，施行日以後にその不動産の占有を第三者が妨害し，又はその不動産を第三者が占有しているときには新法を適用する（不動産の占有の妨害行為をできる限り排除するため）
不法行為等	第35条 1　旧法第724条後段（旧法第934条第3項（旧法第936条第3項，第947条第3項，第950条第2項及び第957条第2項に		旧724条後段の20年の期間が，この法律の施行の際既に経過していた場合は新法を適用しないが，いまだ経過していな

	おいて準用する場合を含む。)において準用する場合を含む。)に規定する期間がこの法律の施行の際既に経過していた場合におけるその期間の制限については，なお従前の例による。		ければ新法を適用する（不法行為による被害者をできる限り新法により保護するため）
	2　新法第724条の2の規定は，不法行為による損害賠償請求権の旧法第724条前段に規定する時効がこの法律の施行の際既に完成していた場合については，適用しない。		旧724条前段に規定する時効（主観的起算点から3年）がこの法律の施行の際既に完成していた場合については新法を適用しないが，いまだ時効が完成していない場合は新法を適用する（不法行為により生命・身体を侵害された被害者をできる限り新法により保護するため）

民法の一部を改正する法律案に対する附帯決議（参議院）

　政府は，本法の施行に当たり，次の事項について格段の配慮をすべきである。

一　情報通信技術の発達や高齢化の進展を始めとした社会経済状況の変化による契約被害が増加している状況を踏まえ，他人の窮迫，軽率又は無経験を利用し，著しく過当な利益を獲得することを目的とする法律行為，いわゆる「暴利行為」は公序良俗に反し無効であると規定することについて，本法施行後の状況を勘案し，必要に応じ対応を検討すること。

二　職業別の短期消滅時効等を廃止することに伴い，書面によらない契約により生じた少額債権に係る消滅時効について，本法施行後の状況を勘案し，必要に応じ対応を検討すること。

三　法定利率が変動した場合における変動後の法定利率の周知方法について，本法施行後の状況を勘案し，必要に応じた対応を検討すること。

四　中間利息控除に用いる利率の在り方について，本法施行後の市中金利の動向等を勘案し，必要に応じ対応を検討すること。

五　個人保証人の保護の観点から，以下の取組を行うこと。

　1　いわゆる経営者等以外の第三者による保証契約について，公証人による保証人になろうとする者の意思確認の手続を求めることとした趣旨を踏まえ，保証契約における軽率性や情義性を排除することができるよう，公証人に対しその趣旨の周知徹底を図るとともに，契約締結時の情報提供義務を実効的なものとする観点から，保証意思宣明公正証書に記載すること等が適切な事項についての実務上の対応について検討すること。

　2　保証意思宣明公正証書に執行認諾文言を付し，執行証書とすることはできないことについて，公証人に対し十分に注意するよう周知徹底するよう努めること。

　3　個人保証の制限に関する規定の適用が除外されるいわゆる経営者等のうち，代表権のない取締役等及び「主たる債務者が行う事業に現に従事している主たる債務者の配偶者」については，本法

施行後の状況を勘案し，必要に応じ対応を検討すること。

　4　我が国社会において，個人保証に依存し過ぎない融資慣行の確立は極めて重要なものであることを踏まえ，個人保証の一部について禁止をする，保証人の責任制限の明文化をする等の方策を含め，事業用融資に係る保証の在り方について，本法施行後の状況を勘案し，必要に応じ対応を検討すること。

六　譲渡禁止特約付債権の譲渡を認めることについては，資金調達の拡充にはつながらないのではないかという懸念や，想定外の結果が生じ得る可能性があることを踏まえ，更に幅広い議論を行い，懸念等を解消するよう努めること。

七　定型約款について，以下の事項について留意すること。

　1　定型約款に関する規定のうち，いわゆる不当条項及び不意打ち条項の規制の在り方について，本法施行後の取引の実情を勘案し，消費者保護の観点を踏まえ，必要に応じ対応を検討すること。

　2　定型約款準備者が定型約款における契約条項を変更することができる場合の合理性の要件について，取引の実情を勘案し，消費者保護の観点を踏まえ，適切に解釈，運用されるよう努めること。

八　諾成的消費貸借における交付前解除又は消費貸借における期限前弁済の際に損害賠償請求をすることができる旨の規定は，損害が現実に認められる場合についての規定であるところ，金銭消費貸借を業として行う者については，資金を他へ転用する可能性が高いことを踏まえれば，基本的に損害は発生し難いと考えられるから，その適用場面は限定的であることを，弱者が不当に被害を受けることを防止する観点から，借手側への手厚い周知はもちろん，貸手側にも十分に周知徹底を図ること。

九　諾成的消費貸借における交付前解除又は消費貸借における期限前弁済の際に損害賠償請求をすることができる旨の規定については，本法施行後の状況を踏まえ，必要に応じ対応を検討すること。

十　消滅時効制度の見直し，法定利率の引下げ，定型約款規定の創設，また，個人保証契約に係る実務の大幅な変更など，今回の改正が，国民各層のあらゆる場面と密接に関連し，重大な影響を及ぼすものであることから，国民全般，事業者，各種関係公的機関，各種の裁判外紛争処理機関及び各種関係団体に早期に浸透するよう，積極的かつ細やかな広報活動を行い，その周知徹底に努めること。

十一　公証人の果たす役割が今後更に重要となることに鑑み，本法施
　　行後の状況も踏まえつつ，公証人及び公証役場の透明化及び配置の
　　適正化，公証役場の経営状況の把握，民間等多様な人材の登用等，
　　公証制度が国民に更に身近で利用しやすいものとなるよう努めるこ
　　と。

十二　消費者契約法その他の消費者保護に関する法律について検討を
　　加え，その結果に基づいて所要の措置を講ずること。

右決議する。

民法の一部を改正する法律案に対する附帯決議（衆議院）

　政府は，本法の施行に当たり，次の事項について格段の配慮をすべきである。

　一　他人の窮迫，軽率又は無経験を利用し，著しく過当な利益を獲得することを目的とする法律行為，いわゆる「暴利行為」は公序良俗に反し無効であると明示することについて，本法施行後の状況を勘案し，必要に応じ対応を検討すること。

　二　職業別の短期消滅時効等を廃止することに伴い，書面によらない契約により生じた少額債権に係る消滅時効について，本法施行後の状況を勘案し，必要に応じ対応を検討すること。

　三　中間利息控除に用いる利率の在り方について，本法施行後の市中金利の動向等を勘案し，必要に応じ対応を検討すること。

　四　個人保証人の保護の観点から，以下の事項について留意すること。

　　1　いわゆる経営者等以外の第三者による保証契約について，公証人による保証人になろうとする者の意思確認の手続を求めることとした趣旨を踏まえ，保証契約における軽率性や情義性を排除することができるよう，公証人に対しその趣旨の周知徹底を図るとともに，契約締結時の情報提供義務を実効的なものとする観点から，保証意思宣明公正証書に記載すること等が適切な事項についての実務上の対応について検討すること。

　　2　保証意思宣明公正証書に執行認諾文言を付し，執行証書とすることはできないことについて，公証人に対し十分に注意するよう周知徹底するよう努めること。

　　3　個人保証の制限に関する規定の適用が除外されるいわゆる経営者等のうち，代表権のない取締役等及び「主たる債務者が行う事業に現に従事している主たる債務者の配偶者」については，本法施行後の状況を勘案し，必要に応じ対応を検討すること。

　　4　我が国社会において，個人保証に依存し過ぎない融資慣行の確立は極めて重要なものであることを踏まえ，事業用融資に係る保証の在り方について，本法施行後の状況を勘案し，必要に応じ対応を検討すること。

五　定型約款について，以下の事項について留意すること。

　　1　定型約款に関する規定のうち，いわゆる不当条項及び不意打ち条項の規制の在り方について，本法施行後の取引の実情を勘案し，消費者保護の観点を踏まえ，必要に応じ対応を検討すること。

　　2　定型約款準備者が定型約款における契約条項を変更することができる場合の合理性の要件について，取引の実情を勘案し，消費者保護の観点を踏まえ，適切に解釈，運用されるよう努めること。

六　消滅時効制度の見直し，法定利率の引下げ，定型約款規定の創設，また，個人保証契約に係る実務の大幅な変更など，今回の改正が，国民各層のあらゆる場面と密接に関連し，重大な影響を及ぼすものであることから，国民全般に早期に浸透するよう，積極的かつ細やかな広報活動を行い，その周知徹底に努めること。

あとがきに代えて
——弁護士への相談や依頼の仕方について——

　最後に，新法とは直接の関係ありませんが，弁護士への相談や依頼の仕方について（弁護士報酬の決め方も含めて）若干述べます。

　まず，弁護士が，事件や事案の具体的な内容を依頼者から聞いて確認しないうちに，報酬額を提示することは，一般的にはありません。実際に事件や事案として引き受けることができるかはもとより，引き受けたとしても今後の展開がどうなるかについては，依頼者の方から詳しく事情を聞かなければ，分からないからです。

　皆様におかれても，まずは弁護士に法律相談をし（相談は，30分につき5000円など時間単位で決まります），依頼をするか否かは，事件の見通しと報酬額を聞いてから，改めて決めていただければ良いのです。

　つまり，「弁護士に相談した以上は，依頼しなければならない」などと気遣いをされる必要は全くありません。事件報酬のことは，弁護士から金額を聞いてから考えれば良いので，まずはお気軽に相談をしていただきたいと思います。

　最後に，この本において自分なりに，新法を分かりやすく解説したつもりです。まだまだ不十分な点もあると思いますが，今後，皆様からお寄せいただくご意見等をもとに，さらに分かりやすいものにするよう努力したいと存じます。

　末筆ながら，信山社の袖山貴様と稲葉文子様に，この本の発刊についてご尽力いただいたことに，心より感謝申し上げます。

　2020年2月

弁護士　児 玉 隆 晴

〈著者紹介〉

児 玉 隆 晴（こだま　たかはる）

弁護士法人千代田オーク法律事務所・代表弁護士
　東京事務所：東京都千代田区神田淡路町1-1
　　　　　　　神田クレストビル403
　柏事務所：千葉県柏市柏2-6-7　佐山ビル3階

1978年　慶應義塾大学法学部卒業
1986年　司法試験合格
1988年　弁護士登録（東京弁護士会40期）
1993年　児玉隆晴法律事務所開設
2009年　弁護士法人化して千代田オーク法律事務所開設
2011年から民法（債権関係）改正に関する弁護士会の意見の取り
まとめに携わり，改正案成立後は，全国各地で市民・経営者・実務
家向けの講演を行い，新法の普及に努める

〈主要著作〉

民法（債権法）
『新民法（債権法）の要点解説』（編集代表・共著）信山社
日本弁護士連合会編「実務解説　改正債権法（第2版）」（編集責
任者・共著）弘文堂
東京弁護士会編「債権法改正　事例にみる契約ルールの改正ポイ
ント」（編集責任者・共著）新日本法規出版㈱
東京弁護士会編「民法（債権法）の改正に関する中間的な論点整
理に対する意見書」（共著，信山社）

もっとやさしく 役に立つ新民法
〜契約ルールは，市民・企業のために，どう改正されたか

2020（令和2）年2月25日　第1版第1刷発行

　ⓒ著　者　児　玉　隆　晴
　発行者　今井　貴・稲葉文子
　発行所　株式会社 信　山　社
〒113-0033　東京都文京区本郷6-2-9-102
Tel 03-3818-1019　Fax 03-3818-0344
笠間才木支店　〒309-1611 茨城県笠間市笠間 515-3
Tel 0296-71-9081　Fax 0296-71-9082
笠間来栖支店　〒309-1625 茨城県笠間市来栖 2345-1
Tel 0296-71-0215　Fax 0296-72-5410
出版契約 No.2017-7090-01011

Printed in Japan, 2020 印刷・製本 ワイズ書籍(M)／渋谷文泉閣
ISBN978-4-7972-7090-7 C3332 ¥1800E 分類 324.399 民法
p.264 7090-01011:020-018-002

現代選書シリーズ

未来へ向けた、学際的な議論のために、
その土台となる共通知識を学ぶ

信山社

法律学の森シリーズ

変化の激しい時代に向けた独創的体系書

最新刊 町野朔 刑法総論

大村敦志 フランス民法

戒能通厚 イギリス憲法〔第2版〕

新 正幸 憲法訴訟論〔第2版〕

潮見佳男 新債権総論Ⅰ 民法改正対応

潮見佳男 新債権総論Ⅱ 民法改正対応

小野秀誠 債権総論

潮見佳男 契約各論Ⅰ

潮見佳男 契約各論Ⅱ （続刊）

潮見佳男 不法行為法Ⅰ〔第2版〕

潮見佳男 不法行為法Ⅱ〔第2版〕

藤原正則 不当利得法

青竹正一 新会社法〔第4版〕

泉田栄一 会社法論

芹田健太郎 国際人権法

小宮文人 イギリス労働法

高 翔龍 韓国法〔第3版〕

豊永晋輔 原子力損害賠償法

信山社

◆ 新民法 (債権法) の要点解説
　　【新旧条文対照表付】　法曹親和会 民法改正プロジェクトチーム 編
　　　　　　　　　　　　　編集代表　児玉隆晴・伊藤 元

◆ 新債権総論Ⅰ　潮見佳男 著
◆ 新債権総論Ⅱ　潮見佳男 著
◆ 民法改正と世界の民法典　民法改正研究会 著
◆ 迫りつつある債権法改正　加藤雅信 著
◆ 民法改正案の評価—債権関係法案の問題点と解決策　加賀山茂 著
◆ 民法 (債権関係) 改正法案の〔現・新〕条文対照表〈条文番号整理案付〉
　　　　　　　　　　　　　　　　　　　加賀山茂 著
◆ 法の国際化と民法　藤岡康宏 著
◆ 史料・明治担保物権法　平井一雄 編著
　　　　—プロジェから明治民法まで

◆ 民法理論研究　中村哲也 著
◆ ドイツ借家法概説　藤井俊二 著
◆ 金融担保の法理　鳥谷部茂 著
◆ 現代民法担保法　加賀山茂 著
◆ 相殺の担保的機能　深川裕佳 著
◆ 立法沿革研究の新段階—明治民法情報基盤の構築　佐野智也 著
◆ ある比較法学者の歩いた道 — 五十嵐清先生に聞く
　　　　　　　五十嵐清 著／山田卓生・山田八千子・小川浩三・内田貴 編

◆ 日本民法典資料集成Ⅰ　民法典編纂の新方針
　　　　　　　広中俊雄 編著／大村敦志・中村哲也・岡孝

信山社